『聖書 新改訳 2017』対応

初めて聖書を開く人のための

12ステップ

自分らしく学べる聖書講座

羽鳥純二［著］

いのちのことば社 EHC

このテキストを学ぶ皆さんへ

これまで、どれほど多くの方がこのテキストで学ばれたでしょう。

聖書って何? 人間の存在は? まことの神は? キリストは? 救いって?

——聖書を学んでみたくても、直接教会には行きづらかった方が、このテキストを学んでみて、「これなら……」と教会の門をくぐられた例も少なくないのです。

テキストの3つの特長

1 ひとりでも　グループでも学べる

各地の教会でも、求道者クラスや新来会者のフォローアップのために、この教材が用いられてきました。ひとりで学ぶにも、グループで学ぶにも適しています。

2 もっと　わかりやすく

今回、テキストをよりわかりやすく学べるように工夫し、『聖書　新改訳２０１7』に準じて改訂しました。余白に自由に書き込みができるので、学び終える時には、オリジナルのテキストになります。

3　通信講座で　添削が受けられる

ひとりで自習することもできますが、さらに通信添削では、もっている疑問や意見を表すことができるので、より深く実りの多い学びになります。

学ばれる皆さんの上に豊かな祝福があることを祈り、確信して――

通信添削をご希望の方は、左記までお問い合わせ・お申し込みください。

〒164-0001　東京都中野区中野二丁目一番五号
全国家庭文書伝道協会（EHC）聖書通信講座　係
TEL.03-5341-6930　FAX.03-5341-6912　ehc@wlpm.or.jp
http://www.wlpm.or.jp/ehc

目次

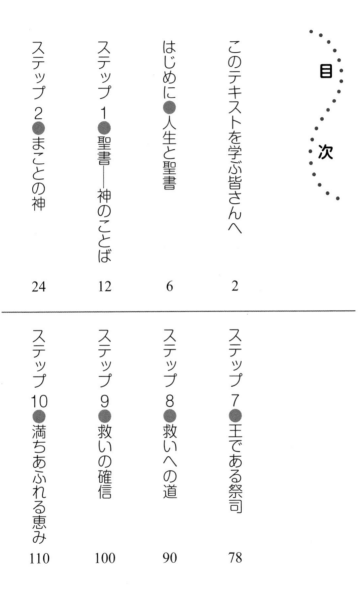

はじめに

人生と聖書

聖書の第一ページ

幕末のころ、北海道のある回船問屋で、一人の青年が聖書を開いていました。もちろん日本語の聖書など手に入らない時代でしたから、それは中国語の聖書でした。江戸のすぐそばまでやって来た黒船を見て、彼らの文明に驚かされたこの青年武士は、日本の国を強くするためにはどうしても彼らの科学と技術とを学ぶ必要があると考え、国禁を犯して渡米しようと決心しました。そしてアメリカ行きの船に乗りこむために北海道に渡った青年は、船が来るのを待つ間に、少しでも外国のありさまを学んでおこうと聖書を手にしたのです。もちろん、神国日本に育った自分が異国の神を信じることなどありえない、とそう考えていました。しかし、彼が聖書を開いた時、なんとその第一ページの初めのことばが目に飛び込んでくるように感じました。

「はじめに神が天と地を創造された。」（創世記１・１）

「これは私の考えていた神と違う。神社や神だなにまつられている神と全く違っている」と、青年は考えました。天地をつくり、人間をつくられた神、これこそ本当の神だ、そう彼は考えたのです。

神が人間をつくられたということは……

神が天地をつくられた――それだけのことがどうして彼をそんなに驚かせたのでしょうか。ちょっと考えてみましょう。今、偶然、川岸に転がっている石があるとします。この石に存在の目的があるでしょうか。あるはずはないと思います。ただ偶然そこに転がっているだけなのですから。しかし、その石をだれかが拾って、それで何かをつくったとします。ただちょっと角《すみ》を欠いて、何かを削れるようにしただけかもしれません。しかし、それで、もうその石器には目的があるわけです。そ

創世記１・１というのは、聖書の創世記１章１節のことです。
この通信講座では聖書のことばは、『聖書 新改訳２０１７』から引用しています。

の目的のためにつくられたのですから。同じことが私たち人間にもいえるのではないでしょうか。もし私たちが、ただ偶然にこの世に出てきたのだとすると、人生の目的などというものは全くなく、そんなことを考えるだけでもむだということになりはしないでしょうか。ですが、もし私たち人間が神につくられたものだとすると、話は違ってきます。私たち人間には人生の目的があるはずです。「でも私には人生の目的がわからない。なぜ勉強するのか、なぜ働くのか、なぜ生きていかなくてはならないのか、どうしてもわからない。」そう考える方もいらっしゃると思います。なぜ私たちは人生の目的を見失ってしまったのでしょう。それは神が私たちをつくられたのだということを忘れ、その神から離れてしまっているからではないでしょうか。アウグスティヌスは『告白』という本の初めに、「あなたは、私たちを、ご自身にむけておつくりになりました。ですから私たちの心は、あなたのうちに憩《いこ》うまで、安らぎを得ることはできないのです」ということを神に向かって告白しています。神につくられた人間は神のもとに立ち返るまでは、人生の目的もわからず、本当の平安も味わえないのではないでしょうか。

　先ほどの青年（後に同志社大学の創立者となった新島襄《にいじまじょう》）は、この聖書のことばがどんなに大切な真理を教えているかに気がつきました。そして彼は技術ではなく、聖書を学ぶためにアメリカに行こうと心に決めたのです。

神のために生きる

聖書が、「人間は神によってつくられた、だから人生には目的がある」と教えているとしたら、その目的というのは何でしょうか。人間によってつくられた石器に、人間の役に立つという目的があるとすると、神によってつくられた人間の目的は神のために生きるということらしいとお考えになりませんでしょうか。そして、確かにそうなのです。聖書を学んでいくなら、それがどんなにすばらしいことかわかると思います。金や、名誉や、地位、そんなものだけのためでなく、神のために生きる、それはなんとすばらしい人生でしょうか。

愛し合うために

そればかりではありません。聖書はまたこう教えています。

「神は人をご自身のかたちとして創造された。神のかたちとして人を創造し、男と女に

彼らを創造された。」（創世記1・27）

神は人間をひとりぼっちではなく、「男と女に」――愛し合う一組としてつくられたのです。神は私たち人間をお互いに愛し合うようにおつくりになったのです。愛し合うこと、これこそが私たちの正しい生き方なのです。だからこそ、私たちは愛し合いたいと思います。ところが、私たちは職場で、学校で、家庭で、お互いに愛し合えず、理解し合えずに苦しんでいます。いったいどうしてなのでしょう。どうしたら愛し合えるのでしょう。もし聖書がその第一ページから、人生の目的とか、正しい生き方などをこれほど深く考えさせ、また教えているとしたら、聖書こそ、私たちの疑問にも答えを与えてくれるものではないでしょうか。

聖書はある人が考えるように、古くさい、堅苦しい、たいくつな本ではないのです。このような大切な問題にぴったりした答えを与えてくれる書物です。人生というものを考えるために、もっと幸福に生きるために、平安と喜びを得るために、そして真理を知るために、ごいっしょに学んでみようではありませんか。

ステップ1　聖書——神のことば

人を生まれ変わらせる本

アレキサンダー・セルカーク、と言ってもご存じない方も、ロビンソン・クルーソーと言えば、「ああ、あの有名な」とお答えになるでしょう。航海の途中、難破して無人島に打ち上げられたロビンソンが、神への信仰を支えに創意工夫を凝らして生きぬいていく冒険小説です。実はセルカークというのは、実在のロビンソン・クルーソー、つまりあの名作のモデルなのです。しかしセルカークは、あのロビンソン・クルーソーと違って、荒々しい、手のつけられないほどの男でした。同じ水夫仲間の荒くれ男が、とうとうがまんできなくなって彼を無人島に置きざりにしてしまったくらいです。わずかばかりの身の回りの品といっしょに、ひとりぼっちになったセルカークは絶望のあまり荒れ狂いました。めちゃくちゃなことをしました。が、長い年月がたって、通りかかった船に救い出された時には彼の身辺はすっかり整理され——もっとも無人島でできる範囲のことですが——彼自身全く生まれ変わったような人間となっていました。どうしてでしょう。何が彼をそれほどまで変えてしまったのでしょうか。

それは一冊の本でした。彼が読んでくれることを願いながら、母がそっと彼の荷物の中にかくすように入れておいた本、聖書だったのです。彼は気が落ちついてくると自分の手元に残された身の回りの品を調べました。そして、その聖書を発見したのです。何もすることのない無人島で、たったひとりで読みはじめた聖書は、のんだくれの水夫を全く変えてしまう力をもっていたのです。

全世界のベストセラー

「もしあなたが無人島で暮らさなければならないとして、ただ一冊の本を持って行けるとするならば、どんな本を持って行きますか」といった質問に多くの人が

「聖書」と答えています。わが国のある有名な作家は旅に出ると、部屋に必ず聖書が置いてあるからというので、いつもホテルに泊まったといいます。

確かに聖書はふしぎな力と、驚くべき魅力をもっている本といえましょう。キリスト教国でもない日本で毎年数百万部が売れています。朝日新聞の文化面で「隠れたベスト・セラー」と呼ばれたのも当然でしょう。もちろん日本だけではありません。聖書は世界中で読まれています。最近の統計によれば、世界には七、三五〇の言語があると言われています。そのうち、聖書の全部が訳されている言語は六九二あり、人口にして五十六億の人が母語で聖書全体を読むことができるそうです。新約聖書のみ訳されているのは一、五四七言語、さらに少ない部分だけ訳されているのは一、一二三言語に及びます（二〇一九年ＵＢＳ〔国際聖書連盟〕統計）。いったい聖書以外にこれほどの数のことばに訳されている書物があるでしょうか。

印刷術の発達によって書物が広く人々の手にわたるようになったのですが、グーテンベルクが印刷機を発明した時、最初に印刷し完成した本は聖書だったといわれています。聖書を読みたい、また多くの人に聖書を読ませたいという願いが、印刷術を発達させたとさえいえると思います。

火の中を通ってきた本

聖書がそんなに人の心をとらえてきたとすれば、さぞかし聖書は大切に守られてきただろうとお考えになると思いますが、ふしぎなことにある意味では全く反対なのです。たとえば紀元三〇三年、時のローマ皇帝ディオクレティアヌスは聖書を一冊のこらず焼きつくすようにという勅令を出しました。彼はたくさんのクリスチャンを殺し、多くの聖書を焼きすてました。そして「キリスト教はほろぼされた」ときざんだメダルをつくらせたのです。

また一六世紀には、ティンダル*が英語の聖書を出版したという理由で火あぶりにされました。しかし、聖書はのこりました。国家も、教会さえも聖書を守ろうとしたとはいえないのに、聖書は今まで伝えられ、多くの人に読まれているのです。

ごく普通の本

それなら、どんなに変わったところのある、ありがたそうな本かと思うと、決し

*イギリスの聖書翻訳者で、宗教改革者。

て特別な本ではありません。何の変わりもないごく普通の書物です。あなたの聖書を開いてみてください。

目次をあけてみると、この書物が二つの部分、**旧約聖書**と**新約聖書**に分かれていることに気がつくでしょう。あなたの持っておられる聖書は、あるいは新約聖書だけかもしれません。しばらくの間はそれでも十分でしょう。しかし聖書というのは旧約聖書（三十九巻）と新約聖書（二十七巻）とがいっしょになって、六十六巻で全部なのだということを忘れないでください。この旧約・新約の約というのは、約束、契約の意味です。聖書は神が人間にお与えになった救いの約束の記録ですから、こう呼ばれているわけです。そして旧約はイエス・キリストがこの世においでになる前に書かれたものですから旧約といわれ、それに対してイエス・キリストがお生まれになってからの書物を新約というわけです。もしかすると、あなたが持っておられる聖書は、旧約、新約の他に「続編」が入っている新共同訳であるかもしれませんが、「続編」についてはここでは触れないでおきたいと思います。

もしまだ持っておられなかったら、ぜひお求めになってください。どこの書店でも手に入ると思います。書店で「聖書はありませんか」とお聞きになると、「どういう聖書がほしいですか」と言われるかもしれません。聖書には日本語でもいろいろな翻訳があるのです。口語訳、聖書協会共同訳、新改訳２０１７など、その他にもいろいろな訳があります。私たちがここで使っております訳は新改訳２０１７です。多くの書店にこの新改訳聖書はあると思いますが、書店になくて、もし必要ならば全国家庭文書伝道協会でもお取りつぎできます。

聖書の中のいろいろな本

聖書をぱらぱらとめくってみると、その中身は実にいろいろなものがまじっていることがわかるでしょう。歴史の記録がありますし、また手紙もあります。詩の部分もあれば、法律の本のようなところもある。オペラにでもなりそうな詩劇といったものさえ見当たります。いろいろと違っているのは形式だけではありません。その著者といったらまた実に千差万別です。王（ダビデ、ソロモン）もいれば貴族（イザヤ）もあり、名もない漁師（ペテロ、ヨハネ）、羊飼い（アモス）といった人もあります。政治家（ダニエル）、医者（ルカ）、官吏*（ネヘミヤ）、宗教家（エレミヤ、パウロ）、学者（エズラ）と、ありとあらゆる職業・地位の人がいます。また書かれた年代からいえば、たぶん紀元前一五世紀ころから、紀元一世紀の末ころまで、おおよそ千六百年くらいの年月にわたっています。そして書かれた場所はといえばパレスチナ、エジプト、バビロン、ローマ、ギリシア、小アジア、ひとことで言えば当時の文明国のすべてに及んでいるのです。書かれたことばは旧約の大部分がヘブル語で、新約聖書はほとんどギリシア語です。

*国の高官

ふしぎな本

これは驚いた、どうしてそのような寄せ集めの本が一冊の聖書といえるのだろうか。そう思われるかもしれません。しかし、聖書を注意して読む時、その理由がわかってくると思います。それは、聖書全集とでも呼んだほうが適当なようなこの書物が、びっくりするくらい統一がとれているということに気がつくからです。しかし、ふしぎなことは、それだけではありません。考古学者や歴史家は、聖書の歴史的な記事がまちがいだらけだと考えていたこともありました。しかし研究が進むにつれて、聖書の記事の正確さがはっきりしてきました。ドイツのケラーという人は、考古学的に聖書が正しいことを立証しようと、『歴史としての聖書』（邦題）という本を書いています。またわが国のある英文学者は『文学としての聖書』という本を著しましたが、聖書が文学的にどれほど美しい文章であるか、日本語でも文語訳の聖書を読んでみるならだれでも気がつくでしょう。また道徳的な教えの正しさ、きよさは、もちろん万人の認めるところです。前に挙げた例のように、聖書のもつ大きな影響力というものを忘れるわけにはいきません。そして、さらに迫害の中にも

ふしぎに守られてきたことも考えにいれておく必要があると思います。しかし、もっと驚くべきことは、将来起こることを預言しているということです。たとえば聖書全体にわたって、イスラエル民族（ユダヤ人）は神に選ばれた民であるのに、神のみこころにそむいたため、その国は滅ぼされ、人々は全世界に散らされてしまうこと、しかし神のあわれみによって、もう一度カナンの地（パレスチナ）にもどることができることが預言されています。ユダヤ人はその預言のとおり全世界に散らされました。しかし、ふしぎなことに、ユダヤ人はほかの民族にのみこまれはしたものの、消えることはありませんでした。そして国が滅びてから二〇〇〇年近くたった今、アラブ諸国の反対にもかかわらず、パレスチナにはイスラエル共和国旗がはためいているのです。またステップ4で学ぶことになりますが、イエス・キリストについての預言も旧約聖書に多いのですが、それもことごとくそのとおり成就しているのです。

預言というのは、予言（将来起こるであろうことを前もって予測して言うこと）と違って、「神に代わって神のみこころを伝えることば」の意味です（もちろん場合によっては未来のことを語ることもあります）。

神のことば

なぜ聖書はこんなにふしぎな本なのでしょうか。聖書自身はこう教えています。

「預言*は、決して人間の意志によってもたらされたものではなく、聖霊に動かされた人たちが神から受けて語ったものです。」

（Ⅱペテロ1・21）

ここに二つのことが教えられています。第一に聖書が人間によって書かれたものであること、第二に、それにもかかわらず聖書は、神からのことばであることです。どうしてそんなことがありうるのか、そうおっしゃるかもしれません。しかし、ある一つの機械を実際につくったのが工員であり、そのねじの切り方、材料の削り方に、はっきりとその人のくせが残っていたとしても、私たちはその機械を本当につくったのは、それを設計した人だと言うではありませんか。同じように、聖書は人間が書いたものであっても、神がその人間を教え導いて——といってもその人を神がかりにして操るというようなことではなく、その人の性格や能力を完全に生かしながらですが——神のみこころを誤りなく書かせたものなので、神のことばなのです。そして、私たちがそう信じている理由は、前に挙げたたくさんの驚くべき点が

*聖書の預言のこと

Ⅱペテロ1・21はペテロの手紙第二（あるいはペテロ第二の手紙）1章21節のことです。

このような神のお働きを、霊感といいます。「聖書はすべて神の霊感によるもので」（Ⅱテモテ3・16）誤りのない神のことばです。

聖書の中にあるからというだけでなく、ここに引用したように聖書自身がはっきりと神のことばであると宣言しているからです。聖書の中には「主*がこう言われた」「神が語って言われた」というような表現が、実に二千六百回もくりかえされているのです。

それなら、どうして神は聖書によって私たちに語ろうとなさるのでしょうか。それは、私たちが本当に神について、また自分自身について、そして救いについて知ることができるために、どうしても「神のことば」が必要だからです。もちろん、私たちは自然のありさまをよく見て、神のことを「感じる」ことはできます。しかし、そういう知識は全くおぼろげなものです。また私たちは自分自身の状態や、救いの方法について、いろいろと考えることもできます。しかし、それが自分や自分と同じような人間が、ただそう考えていること、そう思いこんでいるだけでないという証拠は何もないのです。私たちがただ「よい心がまえ」といったものよりも、もっと確かな「真理に基づく信仰」をもつためにはどうしても「神のことば」——神の啓示が必要なのではないでしょうか。そして、聖書がその確かな神のことばなのです。

そして、もしあなたが本当に謙虚な心で、正しいこと・よいことであったら喜ん

まちがいだらけの人間のことばではありません。特別にある時、神のお働きによって神のことばとなったのでも、人間が宗教体験を当時の表現によって書き記したのでもありません。文字どおりにとる必要のない書物では決してないのです。

＊「主《しゅ》」は神を指して使われる呼び名。新約聖書ではイエス・キリストを指す場合が多い。

でそのとおりにしようという気持ちで聖書を読むならば、アレキサンダー・セルカークが聖書を読んで、その生涯を変えられたように、あなたの人生にも必ず新しい光がおとずれると思います。あなたはこうして聖書が神のことばであることを、経験によって知ることができるのです。

よく「信仰はどれも同じだ」というようなことを聞きますが、これはまちがいです。毒薬を薬と信じて飲めば死んでしまいます。正しいことを信じなくてはならないのです。

ステップ2

まことの神

見せてもらえば……

数年前、親類の一人の婦人を病床にお見舞いに行ったことがあります。彼女は肺ガンでもう手おくれだと言われていました。「神さまを見せてもらえば信じられるんだけどねえ。」寂しそうに言った彼女のことばがまだ忘れられません。私の長男は幼稚園に通っていたころ、「神さまのショウコを見せてもらいたいなぁ」と私に求めました。見えないから、証拠がないから信じられない、そう多くの人たちは言います。この科学の時代に、神などというのは時代おくれの迷信だと考える人が多くなっていることは確かでしょう。

ベンジャミン・フランクリンが雷は電気の作用だということを証明してから、雷鳴を聞いても人々はそれをカミナリ——神の声だとは考えなくなりました。よくわからないことを何でも神のせいにするようなことは、まちがいだとだれもが考えています。でも、だからといって、科学が進んで神などいないということがはっきりしてきたのでしょうか。神がおられる証拠どころか、神などいないという証拠がたくさん見つかったのでしょうか。

この世には神の存在を信じている多くのすぐれた科学者がいます。たとえばアインシュタインもその一人でした。ということは、少なくともまだ科学は神が存在しないというはっきりした証拠を見つけ出していないという証拠になるのではないでしょうか。ある人たちは、科学は神の存在を裏づけるようないろいろな事実を発見していると考えます。東京のある大学の生物学の教授は私に「実験室の中での命のない薬品か何かいじくっている間はいざ知らず、外へ出ていって生きているものを研究しはじめたら、神がおられないなどとかんたんには言えなくなりますよ」と話されました。またある無神論者の数学者が天文学の研究を始め、毎夜星空を見ているうちに、神の存在を信じるようになったという話もあります。さらにR・E・D・クラーク博士はその著書『創造者』（日本語訳の表題）の中で、「この地球上に

「世の中は科学で全部説明できる、だから神など存在しない」という考え方を唯物論的無神論と呼ぶことができるでしょう。科学が進歩して、わけのわからないものをみな神としてしまうような考え（ある人はこういう神を「未知領域の神」と呼んでいます）は打ち破られました。しかし科学は神を否定することはできません。

特に多く存在する数種の元素がほかの元素にくらべて非常に特殊な性質をもっており、しかもその特別な性質が地球上に生命が存在するためになくてはならない条件となっている。これはどうしても偶然と考えられず、理性をもつお方が計画されたとしか思えない。つまり創造者なる神はおられるのだ」といろいろと具体的な例を挙げて説明しています。同じ著者の『宇宙をみる目』(同じく邦題)もたいへん興味深い書物ですが、確かに自然を本当にすなおな心で見ていく時、その自然の中に神のおられる証拠を見つけることができるのではないでしょうか。

神など必要ない

また多くの人は「学問が進歩し技術が発達した現代では、もう人間は神などに頼る必要はない、というよりそんなものに頼りたくない、頼ってはいけない」と考えているようです。しかし、現実の問題として、学問や技術の力だけで人間は本当に幸福になったでしょうか。また、なれるでしょうか。技術が進むたびに人殺しの方法も進んできました。投げ槍《やり》で戦ったころの人間と、核弾頭つきのミサイルが今も自分たちをねらっているのだと考えながら生きている私たちと、どちらがしあわせ

「昔、文化の発達しない間は、人間は神に頼らなければならなかった。しかし、もう神なしでやっていける。」こういう考えを人間中心的無神論と呼ぶことができるでしょう。確かに

でしょうか。コンピュータは確かに世の中を変えていくでしょう。でもよいほうに変わるでしょうか。ますます人情味のなくなった冷たい世の中になるのではないでしょうか。医学は進歩しました。でもやはり人間はいつか死にます。そして死はどんなに学問が進んでも昔と同じように恐ろしいものなのです。科学や技術によって確かに世の中は便利になりました。しかし、私たちが幸福になるためにはそれだけでは十分と言えないのではないでしょうか。ある人は、人間がつくり出したものは公害だけだとさえ言っています。神を離れた人間は、本当に生きていけるのでしょうか。

神を求める心

そうです。私たち人間にはどうしても神が必要です。人類学者は全世界の民族を調査しました。しかし、神のことを考えず、宗教らしいものをもっていない民族はどこにもいませんでした。ある人たちは、「宗教はアヘンだ――国を支配している人々が貧しい人民をだまし、押さえつけておくための道具だ」と言います。

しかし、そういうことが言われるよりかなり昔に、カルヴァン*は、宗教をそのよ

俗信とか迷信と呼ばれている宗教、たとえばまじないなどはかえって有害でしょう。しかし人間はやはり真の神を必要としているのです。

＊スイスの宗教改革者カルヴィンとも呼ばれますが、これは英語流の発音です。

うに悪用した人たちもいることを認めた上で、「しかし、もし人々の心の中に神をおそれうやまうという心が、初めからすでになかったとしたら、宗教を利用して人を自分の思うとおりにさせることなどできないはずだ」と言っているのです。そしてまた彼は、「神を否定しているような人でも、その心の奥底では神はおられると感じているのだ」とも言っています。

生まれたばかりの赤ちゃんはしきりに何かに吸いつこうとします。それはお母さんの乳房がそこにあるはずだからです。同じように私たちみんなが――特別の人だけでなくみんなが――神を求める心を多かれ少なかれもっているとするなら、それも神がおられるという一つの証拠ではないでしょうか。哲学者カントは「頭を上げて星空を見上げると、この宇宙をつくられた神がいらっしゃるに違いないと思うし、また頭をたれて自分自身の心を反省してみると、正しい生活をせよと命じられる神がおられることを疑うことができない」といった意味のことを言っています。

そして、もし私たちが神からつくられたのでないとしたら、人生に意味も目的もなくなってしまうのではないでしょうか。確かに神は存在するのです。

聖書の教える神

それならば、神はどういうお方でしょうか。私たちはすでに聖書が神とはどういうお方かを教える神のことばであるということを学びました。ですから、聖書が神についてどのように教えているかを見てみましょう。そしてそれと同時に、聖書に教えられている神が、自分の今まで考えていた神と違っているかどうか、違っていたとしたらどちらが本当の神と呼べるか、それをよく考えていただきたいと思います。

●霊なる神

聖書はまず第一に、神は霊であると教えています。

「神は霊ですから、神を礼拝する人は、御霊《みたま》と真理によって礼拝しなければなりません。」（ヨハネ4・24）

霊というのはどういうことでしょうか。まず、**物質的ではない**ということです。

人工衛星が初めて打ち上げられた時、ある人は、「人工衛星は神にぶつからなかった。神はやはりいなかった」と言いました。しかし、それは当然です。神は、ぶつかったり肉眼で見えたりするような物質的な方ではないのです。またある教会に一人のおばあさんがやってきて、どうしても御神体を見せてくれと言って聞かなかったそうですが、神はそういう御神体などを飾って礼拝するものでもありません。つまり神は人間の考えをこえた方であって、人間がつくった偶像ではないのです。

神は霊であるというのは、神が**人格をもっておられる**ということでもあります。つまり神は自然界の法則とか、ある種の力とか、あるいは自然全体とかいうようなものではなく、ご自分で意識し、考え、決心し、行動なさるお方なのです。

●唯一の神・創造主

次に、聖書ははっきりと神はただひとりの神であると教えています。

「『世の偶像の神は実際には存在せず、唯一の神以外には神は存在しない』ことを私たちは知っています。」　（Ⅰコリント8・4）

確かに、この世の中にはたくさんの神がいて、山や川や火が神とされ、木や石や金属でつくった偶像が神であるという考えはおかしいのではないでしょうか。また生きていてさえ弱い人間が、死んだからといってどうして力ある神になるというこ

ですから、「私たちがこのままで神の分身だ」というような考えは正しくないのです。

「すべての存在と事物の総体が神である」という考えを汎神論《はんしんろん》といいます。

とが考えられるでしょうか。

神がただおひとりであるということは、日本の神とか西洋の神とかいう神ではなく、全世界の、全宇宙の唯一の神であるということです。

そして、何度も言いましたように、神は天地を、また私たち人間を**創造された方**です。

● 永遠

こういう神がどんな制限も受けつけない、完全なお方であるということは当然でしょう。神は時間に制限されません。つまり**永遠**です。

「アブラハムはベエル・シェバに一本のタマリスクの木を植え、そこで永遠の神、主の御名《みな》を呼び求めた。」

（創世記21・33）

● 不変

神は**変わることもありません**。

「父*には、移り変わりや、天体の運行によって生じる影のようなものはありません。」

（ヤコブ1・17）

「神はこの世をつくられたが、それ以上にこの世を支配したり干渉したりはしない、つまり奇跡も啓示も行わない」という考えは理神論と呼ばれます。

汎神論、理神論とも聖書の教えと全く違っています。

「物質もいのちを持っている」という考えを物活論といいますが、その中で特に「物質に霊魂がある」と考えるのをアニミズム（生気説）といいます。山や川や火を神とする思想はこの一種です。

*神のこと

● 遍在・全知・全能

神は**場所**にも制限されず、**知識**においても、**能力**においても少しも欠けたところはありません。

「主のことば——天にも地にも、わたしは満ちているではないか。」（エレミヤ23・24）

「まことに主は、すべてを知る神。そのみわざは測り知れません。」（Ｉサムエル２・３）

「神にはどんなことでもできます。」（マタイ19・26）

● きよい神

また、こういうことばもあります。

「神は光であり、神には闇が全くないということです。」（Ｉヨハネ１・５）

神は光の神です。それは第一に**きよい神**です。少しの罪や汚れも寄せつけないお方です。人の悪口を言った口、うそをついた口で、お祈りしたり賛美したりしても、それを絶対にお受けにならない神なのです。

▽のマークは参照箇所を表しています。

▽ヤコブ3・9—12

● 正しい神

また、どんな罪もそのままで見逃すことをなさらない**正しい神**でもあります。おさい銭をあげたり、罪ほろぼしの行（ぎょう）をしたりして、ごまかそうとしても、決して受けつけないお方です。神信心と毎日やっていることとは無関係だ、そんなことをまことの神に対して言うことはできません。

● 善の神・愛の神

しかし、ただそれだけだったら、光というものの性質をかたよって考えていることになります。光は人々を明るくし、また温めます。光の神はまた、**善の神**であり、**愛の神**なのです。神の愛は聖書のあらゆるところにあふれています。よい例はこれです。

「神は、実に、そのひとり子をお与えになったほどに世を愛された。それは御子《みこ》を信じる者が、一人として滅びることなく、永遠のいのちを持つためである。」

（ヨハネ3・16）

▽申命記10・17、18
「あなたがたの神、主は神の神、主の主、偉大で力があり、恐ろしい神。えこひいきをせず、賄賂《わいろ》を取らず、みなしごや、やもめのためにさばきを行い、寄留者を愛して、これに食物と衣服を与えられる。」

ある人は、聖書は神の人間にあてた愛の手紙だと言っています。

● いのちの神

最後にもう一つ、神は**生きておられる、いのちの神**です。そして私たちにいのちを与えてくださるのです。私たちの肉体の命だけでなく、本当のいのち――いのちの望み、いのちの喜び、いのちの力、いのちの平安――人生の目的とそれを生きぬいていく力を与えてくださるのです。

いかがでしょうか。あなたも、あなたを愛していのちを与えようとしていてくださる神を信じてみませんか。自分をつくってくださった神、きよく生きることを求めておられるきよい神の前に、人間としての責任を十分果たしているかどうか反省し、非を認めて神を信じる時、神はあなたにこのいのちの恵みをお与えになるのです。

ステップ3 つくられた人間

人が神をつくったのではないか

ある時、一人の高校生が私に、「この科学の時代に神が人を創造したなどとは考えることができないから……」と言いました。私はその言い方から、彼が決してキリスト教を否定しようとしているのではないということがよくわかりました。彼は、神というのは人間が考えたいわば理想像だ、だからどの宗教の理想像がいちばんよいか、それが知りたいのだ、とこんなふうに考えていたのでしょう。多くの人も同じように思っています。神が人をつくったというより人が神をつくったのだと考えるのです。

そして、「聖書は、神が人を創造されたと教えている」と言うと、それは進化論と矛盾しているから、非科学的な誤りだと言います。しかし、人間が神なしに進化してきたとの考えをとるとしたら、たびたび申しましたように、人間は何のために生まれてきたのでしょうか。人生の意味とか目的とかいうものをどう考えたらよいのでしょうか。

進化論

残念なことに、現在の進化論はまだどのようにして進化が起こったか、それを説明することはできないのです。ある百科事典には「進化がどのようにして起こったかは全くなぞに包まれている」と書いてあります。生物学が進むにつれ、進化というものはダーウィンの考えたように簡単に起こるものではないということがわかってきました。そして現在では単なる偶然では進化は起こりそうもないという考えが生物学者の間で強くなってきているようです。

たとえば生態学者の今西錦司《いまにしきんじ》教授（進化論者ですが）は、物活論（物質が命をもっているという考え）とは違うとことわりながら、進化が起こるためには生命の特

い、別な秩序が必要だろうと言っています。さらに進化論の解説者ともいえる八杉《やすぎ》竜《りゅう》一《いち》教授は「自然科学において、全く反対の説がこれほど長い間対立し続けていることは本当に珍しい。これは純粋な科学の問題でなく、イデオロギーがからんできているからではないか」と言います。つまり進化論の現状は科学の学説には見られないような難問ばかりというところなのです。

現在多くのクリスチャンの科学者たちが、聖書の天地や人間が神によってつくられたという教えと、化石その他の科学的事実（仮説ではなく）とが矛盾していないと確信しています。

なぜ苦しむのか

しかし、もう一つの疑問があります。それは、私たちが神につくられた者だとしたら、なぜこんなに苦しまなければならないのか、神はなぜこんなに悪い世をおつくりになったのか、という疑問です。この疑問に対して答えるためには、神につくられた人間は初めどんな者であったかを知らなくてはなりません。

神のかたちにつくられた人間

前にも引用しましたが、聖書は「人をご自身のかたちとして創造された。神のかたちとして人を創造し、……」(創世記1・27)と教えています。この「神のかたち」というのはどういう意味でしょうか。手足が二本ずつ、目が二つ、などという肉体のかたちが似ていることではもちろんありません。聖書にはどのように説明されているでしょうか。

「新しい人は、それを造られた方のかたちにしたがって新しくされ続け、真の知識に至ります。」(コロサイ3・10)

「真理に基づく義と聖をもって、神にかたどり造られた新しい人を着ることでした。」(エペソ4・24)

● 理性・道徳性

つまり、いろいろなことを考える力(理性)と、正しさ(義)ときよさ(聖)というような道徳的な性質(道徳性)をもっている点で神に似ているというのです。

この点が人間と動物の大きな違いだということはすぐに気がつくと思います。動物は理性ではなくて本能によって行動しますし、また善とか悪とかの区別もしません。ある人は、犬などの動物に何がよいことかを教えることができると考えます。しかし、その動物は何をすると叱られて、何をするとほめられるのかがわかるだけです。よいこと・悪いことがわかったわけではありません。

●霊的な存在

しかし、もう一つ忘れてはならないことがあります。ステップ2で学びましたように、神は霊なるお方です。ですから、神のかたちにつくられた人間も、霊的な存在なのです。

「神である主は、その大地のちりで人を形造り、その鼻にいのちの息を吹き込まれた。それで人は生きるものとなった。」（創世記2・7）

神は物質（土のちり）から人間をおつくりになりました。しかし、それだけではありませんでした。いのちの息を吹き入れられたのです。ヘブル語では「息」と「霊」とは同じことばですから、人間はこれによって霊的な「生きた者」（英語の聖書の中には「生きている魂《リビングソール》」と訳しているものもある）となったというわけです。

● 自由意思・自意識

霊的な存在というのは何でしょうか。ステップ2で学んだことを思い出してみましょう。もちろん人間は、先ほど見たように物質からもつくられていますから、見たり触ったりすることはできます。そうするともう一つの点、**人格をもつ**ということが神に似ているのだということになります。人格というのは前のステップでも少し考えましたが、むずかしいことばを使えば、「自意識をもち、自ら決定をくだす主体」と言うことができると思います。くだいて言えば、自分は羽鳥純二であって坂本竜馬ではないと、はっきり自分を他人と区別して意識し、自分の意志でコーヒーではなくて紅茶を飲もうというように決断することができる、すなわち自由意思をもっているものが「人格」なのです。つまり人間は動物と違って、自分で考え、自分でやりたいことを選んでいくことができるようにつくられたのです。しかしよく言われることですが、自由には責任がともないます。本能にしばられている動物には、よいこと・悪いことの区別はありません。本能に従って行動するだけなのですから。ですが、自分ですることを決められる人間には、そのしたことに対する責任、すなわち道徳的責任があるわけです。

●万物*の霊長

神のかたちにつくられたこと、これは人間にとってすばらしい特権でした。

「神は彼らを祝福された。神は彼らに仰せられた。『生めよ。増えよ。地に満ちよ。地を従えよ。海の魚、空の鳥、地の上を這《は》うすべての生き物を支配せよ。』」

（創世記1・28）

人間はまさに万物の霊長、地の王者でした。しかし、それよりもさらにすばらしいことは神と交わることができたということです。

●神との交わり――生きる目的

序文の中で、私たちの生きる目的は、私たちをつくってくださった神のために生きることだと申しました。確かに聖書はそう教えています。

「わたしの名で呼ばれるすべての者は、わたし*の栄光のために、わたしがこれを創造した。これを形造り、また、これを造った。」

（イザヤ43・7）

しかし、神のために生きるというようなことは神の奴隷になることで、楽しみも、喜びもないのではないかとお思いになるかもしれません。しかし、そうではないの

*万物の霊長とは、すべてのものの中で最もすぐれたものということ。人間のこと。

*ここでは神のこと

です。神のために生きるということは、神と交わりながら生きる、神とともに生きるということなのです。結婚生活を例にとって考えるとわかるかもしれません。妻が夫のために生きるということは、妻が夫とともに生きる、ともに重荷を負い合い、喜びを分け合って生きるということではないでしょうか。人間は神によって神のかたちにつくられましたから、このように神と交わり、神とともに神のために生きることができるのです。

しかし、こんなにすばらしいものとしてつくられた人間が、前に考えたように、なぜ苦しまなければならないのでしょうか。それがわかるためには、最初の人間アダム（ヘブル語で人という意味）の起こした悲しい事件について学ばなくてはなりません。

▽エペソ5・22―32

アダムの犯した罪

その事件はアダムが罪を犯したということです。くわしいことは創世記3章に記されていますから、ぜひ読んでいただきたいと思いますが、手短に言いますと、アダムとその妻エバが、神がこれだけは食べてはいけない、食べると必ず死ぬとおっしゃった「善悪を知る木」の実を、へびにそそのかされて食べてしまったのです。
ある人はこれはただの物語だと言います。しかし大伝道者ビリー・グラハムは、もしこれがただの神話だとしたら、世の中がこんなに悪く、私たちがこんなに苦しみ、罪が世に満ちている理由を何かほかに考え出さなくてはならないだろうと言っています。

アダムの罪がどうしてそんなに恐ろしい結果を招いたのでしょう。行いとしてはただ木の実を食べたというだけです。しかし彼は神の愛を疑い、神のことばを信じませんでした。そして自分で神のようになり、自分勝手に生きたいと願ったのです。
聖書の中から学んでみましょう。

「しかし、善悪の知識の木からは、食べてはならない。その木から食べるとき、あなたは必ず死ぬ。」（創世記2・17）

これが神の言われたことばです。ですが、エバはへびにこう言いました。

「『あなたがたは、それを食べてはならない。それに触れてもいけない。あなたがたが死ぬといけないからだ』と神は仰せられました。」（創世記3・3）

傍点を打ったところをくらべてください。エバは神が与えた命令をとても厳しいように言い、また警告はそのとおりにとっていないのです。そしてへびの誘惑にすぐ負けてしまいました。

「それを食べるそのとき、目が開かれて、あなたがたが神のようになって善悪を知る者となることを、神は知っているのです。」（創世記３・５）

どんなに小さく見えるようなことでも、神にそむき、神から離れていき、自分で神に代わろうということは恐ろしい罪です。神はアダムに自由意思を与えられました。しかし、アダムはそれを悪く用いて、罪を犯してしまったのです。そしてアダムはその責任を負わなくてはならなかったのです。

ある人は、なぜ神はアダムが罪を犯さないようにできなかったのかと言います。そしてアダムの堕落の責任は神にあると言います。しかし、神は人間を神のかたちにつくり、神と交わることができるというすばらしい特権をお与えになりました。それは人間が自由意思を与えられたということです。しかし、裏返して言えば、罪を犯す自由も与えられたということです。ところが人間はこの人間としてのすばらしい特権を悪用して罪を犯してしまったのです。ですからその責任は全くアダムに、人間にあるのです。アダムは人間すべての先祖です。ですからアダムはいわば全人類の代表として神の前に罪を犯してしまったのです。つまり行列の最初の人がまちがった道に入りこんでしまったために、行列の全部の人が迷ってしまったということです。こうして全人類が苦しみと悲しみの中にさまようようになったのです。なぜなら罪によって神から離れた人間には、ちょうど親から離れた子どもと同じように、決して本当のしあわせがないからです。

「……一人の人*によって罪が世界に入り、罪によって死が入り、こうして、すべての人が罪を犯したので、死がすべての人に広がった……」（ローマ5・12）

人々はこうして神から離れ、その滅びの道を歩み続けているのです。しかし神は救いの道を備えてくださいました。それについては次のステップで学びましょう。

*アダムのこと

▽創世記3・15
「わたしは敵意を、おまえと女の間に、おまえの子孫と女の子孫の間に置く。彼はおまえの頭を打ち、おまえは彼のかかとを打つ。」

▽イザヤ53・5、6
「彼は私たちの背きのために刺され、私たちの咎《とが》のために砕かれたのだ。彼への懲らしめが私たちに平安をもたらし、その打ち傷のゆえに、私たちは癒やされた。私たちはみな、羊のようにさまよい、それぞれ自分勝手な道に向かって行った。しかし、主は私たちすべての者の咎を彼に負わせた。」

ステップ4

神からの救い主

この世の暗さ

この世はいやなことばかりといえるかもしれません。人の命のはかなさや、人の情の薄さを感じることが多い毎日です。世の中に何も頼れるものはない、ただ頼れるのは自分だけと思っていても、その自分も、いや、その自分こそ実に頼りないものだということに気がつくのです。なぜ世の中はこんなありさまなのでしょうか。ステップ3ではその理由について、人間が神につくられたのに、アダムが罪を犯して以来、神から離れてしまったからだと学びました。ある有名な映画女優が、仕事と遊びに忙しくて、家をあけてばかりいました。家には十代後半の娘がひとり、お手伝いさんといっしょに暮らしていました。それでも自分が母親だということは覚えていたその女優が、その娘の誕生日、旅行先のローマからすばらしい花びんを送ったのです。ところがその花びんが届くと、娘はそれを床の上に投げつけて言いました。「私がほしいのは花びんじゃない。ママなのよ!」母親から離れてしまった彼女は、たとえどんなにすばらしいものをたくさん持っていたとしても不幸と感じていたのです。ちょうど同じように、私たちは私たちをつくってくださった神から離れては、どんなに財産があっても地位が高くても、また名誉を与えられていても、本当に幸福にはなれないのです。

神への道

それなら、どうしたら幸福になれるでしょうか。私たちが神のみもとに立ち返ればいいわけです。しかし、いったいどうしたら神のみもとに行くことができるのでしょうか。旧約聖書の中でヨブという人はこう嘆いています。

「だが見よ。私が前へ進んでも、神はおられず、うしろに行っても、神を認めることができない。左に向かって行っても、神を見ることはなく、右に向きを変えても、会う

ことができない。」（ヨブ23・8、9）

私たちは神のもとに帰ろうにも、その道がわからないのです。多くの宗教はいわばこの道を探し出そうという人間の努力ではないでしょうか。

父を捜す子ども

生まれてすぐ父親のもとから離れていってしまった子どもがいたとします。この子は大きくなってから、何とかして父親を見つけたいと思いました。そしていろいろと父親のことを想像して、頭の中に一つのイメージをつくりあげます。ある日、道を歩いていると、ちょうどそのイメージとぴったりの人に出会います。そして「おとうさん――」と抱きつきます。はたしてこれで本当の父親に会えたといえるでしょうか。いいえ。この子が父親に会うためには、本当の父親がだれかを知らなくてはならないのです。

私たちはちょうど父のもとから離れてしまったこの子どものようなものです。また、父親は天の父なる神を表しています。父である神は、「私がおまえたちの父親だよ」という手紙*をくださいました。そして、大切な私たちを連れもどすために、

▽ステップ3

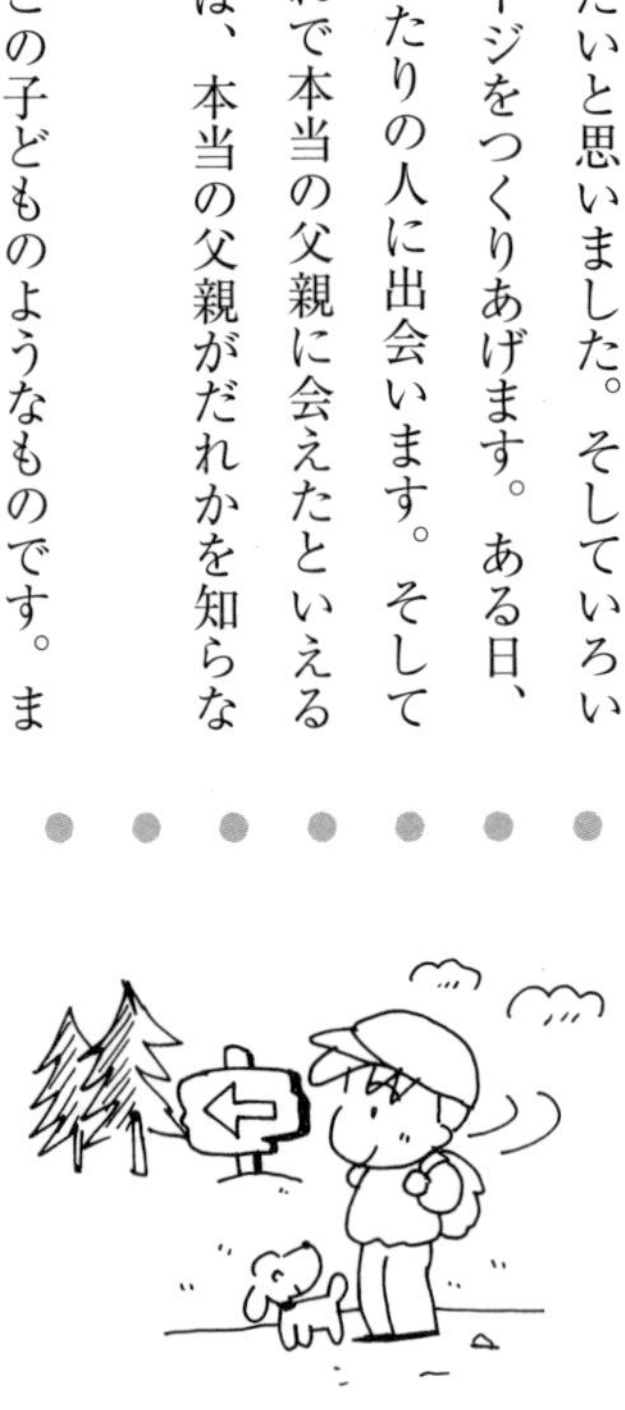

*この手紙が聖書なのです。

ひとり子イエス・キリストをつかわしてくださったのです。

約束の手紙——預言された救い主

聖書とは、「神から救い主がつかわされる」ということを知らせてきた手紙であるといえますが、実を言うと、この手紙は二通あるのです。その一通は、「これから救い主を送る」という手紙であり、もう一通は「救い主をつかわしたから、私のところへ帰ってきなさい」という手紙です。もうお気づきと思いますが、先のものが旧約聖書、そして後のものが新約聖書です。ですから、旧約聖書の中には救い主が来られるという約束——預言が実にたくさんあるのです。そのいくつかをここに挙げてみましょう。

「エッサイ*の根株から新芽が生え、その根から若枝が出て実を結ぶ。その上に主の霊がとどまる。」（イザヤ11・1、2）

これは救い主がダビデの家系から生まれるという預言です。またお生まれになる町がベツレヘムであることも預言されています。

「ベツレヘム・エフラテよ、あなたはユダの氏族の中で、あまりにも小さい。だが、あ

このたとえ話をよく読んで、今まで学んできたことをもう一度復習してみてください。きっと役に立つと思います。

▽ステップ1

*ダビデの父親

▽マタイ1・6

▽マタイ2・1、4—6

なたからわたしのためにイスラエルを治める者が出る。」
（ミカ5・2）

またイエスが処女からお生まれになること、そして、人々の罪を負って、身代わりとして死なれることとさえ預言されています。

「見よ、処女が身ごもっている。そして男の子を産み、その名をインマヌエルと呼ぶ。」
（イザヤ7・14）

「しかし、彼は私たちの背きのために刺され、私たちの咎《とが》のために砕かれたのだ。彼への懲らしめが私たちに平安をもたらし、その打ち傷のゆえに、私たちは癒やされた。」
（イザヤ53・5）

このほかイエスが生まれた年代や、生涯のこと、十字架上でのできごとなど実に多くの預言があるのです。この一つからでもイエスが神からつかわされた真の救い主であるということがわかると思います。

ふしぎな救い主

このようにお生まれになる何百年も前から預言されていたということは、たいへんふしぎなことですが、よくよく考えてみるともっとふしぎなことがあるのに気が

▽マタイ1・23

▽Iペテロ2・22―24
「キリストは罪を犯したことがなく、その口には欺《あざむ》きもなかった。ののしられても、ののしり返さず、苦しめられても、脅すことをせず、正しくさばかれる方にお任せになった。キリストは自ら十字架の上で、私たちの罪をその身に負われた。それは、私たちが罪を離れ、義のために生きるため。その打ち傷のゆえに、あなたがたは癒やされた。」

つきます。その預言を今度は新約聖書からもう一度抜き書きしてみましょう。

「『見よ、処女が身ごもっている。そして男の子を産む。その名はインマヌエルと呼ばれる。』それは、訳すと『神が私たちとともにおられる』という意味である。」

（マタイ1・23）

イエスが処女からお生まれになること、そして、イエスの誕生は神が私たちとともにおられるようになるということ——つまりイエスは神であるということが預言されているのです。神が人間としてお生まれになるというのです。いいえ、お生まれになったのです。いったいこんなことがありうるのでしょうか。

三位一体

何よりもふしぎなことは、神は唯一だと聖書ははっきり教えているのに、イエスも神だというようなことがありうるのか、ということです。ところが聖書は疑いもなくイエスを神と呼んでいるのです。

「大いなる神であり私たちの救い主であるイエス・キリスト……」

（テトス2・13）

また、神の御子《みこ》とも呼ばれています。

「しかし時が満ちて、神はご自分の御子《みこ》を、女から生まれた者、律法の下《もと》にある者として遣わされました。」

（ガラテヤ4・4）

実はそれだけではないのです。

「父、子、聖霊の名において彼らにバプテスマを授け、……」

（マタイ28・19）

これはイエスのおことばですが、「父、子、聖霊」と三つことばが並べられていて、しかもそれを、「名」という単数の名詞で受けているのです（日本語ではわかりませんが）。ということは、父なる神、子なる神、聖霊なる神というお方がおられ、しかもそれがただひとりの神だということを示しているとしか考えられません。これを三位一体《さんみいったい》といいます。三つの位格《ペルソナ》をもちながら、一つの神という意味です。この三位一体というのはどういうことなのか、実のところ私たちには完全にはわかりません。しかし、聖書がそう教えていますし、また実際、神が三位一体のお方でないならば、私たちは救われることも、信仰生活を送ることもできなくなってしまうのですから（このことについてはまた後で学びましょう）、そう信じるのです。それはちょうど物理学者が、光は電磁波という波であると同時に光子という粒子でもあると信じることと似ているかもしれません。だれも、波であると同時に粒子であるというのはどういうことか、模型か何かをつくってわからせることはできませ

位格（ラテン語でペルソナ）というのは、父、子、聖霊のそれぞれの区別された固有性のことをいいます。

ん。しかし、物理学者は光がこの二つの性質を同時にもっていると考えなければ、光についてのいろいろなことが説明できませんから、この事実をそのまま認めています。同じように私たちは三位一体の神を信じるのです。

神が人となるふしぎ

このほかにも、イエス・キリストが神であられたのに人として、処女からお生まれになったことなど、ふしぎでたまらないと思われる点がいくつかあるでしょう。まず第一の疑問は、どのようにしてそんなことが起こりえたのかということです。これについて私たちはただ、「神にはどんなことでもできます」（マタイ19・26）というイエスのおことばを引用するだけです。私たちは人間の誕生というふしぎさえ完全には理解できません。それなのに神が人間をお救いになるためになさる奇跡が理解できないからといって信じないと言うのでしょうか。

第二に、何のために神が人となったのかという疑問があります。これには答えることができると思います。すなわち、私たちを救うためにはどうしても神が人とならなければならなかったのです。絶対的にきよい神と、罪を犯して神から離れてい

ある人は、奇跡というものは科学的でないから信じられないと言います。しかし実は、C・S・ルイスがその著書『奇跡』の中でまず言っているように、科学の問題ではなく、神が奇跡を行うことがおできになるか、ならないかということが大切なのです。もし関心をもたれるならこの本をお読みになることをおすすめします。

る私たちを結びつけるためには、人間はあまりに弱く汚《けが》れていますから、人のほうから神に向かって近づくことはできません。私たちに神の本当の姿を示すためにも、また人として歩むべき模範となるためにも、さらに私たち人間の身代わりとなるためにも、罪のない神ご自身が、人間となってくださらなければならなかったのです（これらのことについてはまた後で詳しく考えましょう）。

　第三に私がふしぎに感じることは、なぜ神の御子が私のようなものを救うためにわざわざ人となって生まれてくださったのか、私に代わって十字架の上で死ぬために生まれてくださったのかということです。この主の愛のふしぎに気がつくなら、あなたもこの愛の主を受け入れ、信じるに違いありません。「おどろくばかりのめぐみなりき　この身のけがれを　知れるわれに……」（聖歌二二九番）とかつての奴隷船の船員ジョン・ニュートンは歌いましたが、自分の本当の姿に気がつく時、これは私たちすべての思いではないでしょうか。ふさわしくない者に与えられる愛、それが恵みということばの意味です。神のこれほどまでの恵みを知る時、あなたもこのイエス・キリストをきっと受け入れるはずです。そしてその時、あなたは神の子どもとなる特権を与えられるのです。聖書はこう教えています。

「ことば*は人となって、私たちの間に住まわれた。」（ヨハネ1・14）

きよい神についてはステップ2をもう一度読みなおしてみてください。

*神のひとり子を指す

「……この方を受け入れた人々、すなわち、その名を信じた人々には、神の子どもとなる特権をお与えになった。」

（ヨハネ1・12）

ステップ5

死にいたる病

あなたの罪は

ある時、イエスが家の中で人々に話しておられると、こともあろうにその屋根を壊して、イエスの前にベッドに寝かせたままの病人をつり下ろした男たちがいました。もちろんそれは、この*中風《ちゅうぶ》の人をなおしていただきたいためでした。ところがイエスはこの人を見ると、いきなりこう言われたのです。

「子よ、あなたの罪は赦《ゆる》された。」

（マルコ2・5）

なぜこんなことを言われたのでしょうか。「子よ」と愛情をこめて呼びかけているところから見ると、イエスがこの男に同情しておられたことはわかります。それ

＊中風とは、半身不随や手足の麻痺などの症状を指すことば

なのになぜ病気のことは何も言わないで、「あなたの罪」などと言われたのでしょうか。この人の本当の問題、不幸の真の原因が、病気ではなく、この男の罪にあったからでしょうか。そしてこの男だけでなくて、私たちが幸福になれないのも罪を犯したため、あるいは罪を犯しているためでしょうか。確かにそうなのです。このことについて少し考えてみましょう。

罪のゆえの苦しみ

ここでちょっと注意していただきたいことは、苦しみの原因が罪だと言いましても、これはいわゆる「因果《いんが》」とか「因縁《いんねん》」とかいうものではないということです。また「たたり」などというものとも違います。そういう何かえたいの知れない、こけおどしのようなものではなく、もっとはっきりしたことなのです。

●身から出たさび

まず第一に、この男の病気は、彼の放蕩《ほうとう》の結果だったかもしれません。そのように多くの人は自分の罪のために自分で苦しむことになるのです。

「人は種を蒔《ま》けば、刈り取りもすることになります。」（ガラテヤ6・7）

「身から出たさび」ということわざもあります。罪を犯して刑務所のごやっかいになったり、人に相手にされなくなったりするので、結局のところ悪いことは引き合わないといわれるとおりです。また、罪を犯す者は罪の習慣にしばられて、「わかっちゃいるけどやめられない」とあわれなことになってしまいます。

「罪を行っている者はみな、罪の奴隷です。」（ヨハネ8・34）

●良心の痛み

第二に、罪を犯していると心に平安がなくなってしまいます。

「悪しき者には平安がない。——私の神はそう仰せられる。」（イザヤ57・21）

人殺しをした男が、毎夜ひどくうなされるので、怪しまれてとうとう捕まってしまったというような話を聞いたことがあります。しかし、そんな大きな犯罪でなくても、私たちに何かやましいところがあったり、あるいは人を憎んでいたりすると、それだけでいらいらしたり、落ち着かなかったり、またいやな気持ちになることはよく経験することではないでしょうか。

● 神から離れる

第三に、罪を犯すと神から離れてしまいます。

「むしろ、あなたがたの咎《とが》が、あなたがたと、あなたがたの神との仕切りとなり、あなたがたの罪が御《み》顔《かお》を隠させ、聞いてくださらないようにしたのだ。」（イザヤ59・2）

ふつうは神から離れているから不幸だなどとあまり思いません。しかし今までいくたびか考えてきたように、実は大変なことなのです。クリソストムというクリスチャンは、ローマ皇帝から迫害され、投獄され、財産を取り上げられても悲しむどころか「神さまのことだけを考える、妨げになるこの世のものをすっかり奪われてしまって、私の心はただ神さまだけに向かうようになった」と言って喜んでいました。腹を立てた皇帝は、「それなら殺してしまえ」と命じました。その時、役人は「彼なら主のために喜んで死ぬでしょう。彼を苦しめるには、彼に罪を犯させることです。そうすれば彼は神から離れてしまったことを嘆き悲しむでしょう」と言ったと伝えられています。

私も主を信じて神のみもとに帰った時、何か心の中にぽっかりとあいていた、むなしい穴が満たされた思いがしたことを今も覚えています。あなたのもっている原

▽はじめに・ステップ3・4

因のわからない不満、恐れ、いらだち、そういうものは、すべてあなたが神から離れているためにあるのだと言ってもまちがいでないと私は思います。

● 神のさばき

第四に、罪を犯した者は神にさばかれなければなりません。

「あなたは、頑《かたく》なで悔い改める心がないために、神の正しいさばきが現れる御怒《みいか》りの日の怒りを、自分のために蓄えています。」
（ローマ２・５）

ある人は、「死後のさばき」などと言うとばかばかしいと笑います。バートランド・ラッセルは「死後の世界などというものは感情の問題だ」と言いました。つまり、死後の世界があるとよいな、と思っているから、あるような気になるのだと言うのです。ところがこのラッセルのことばに対して、仏教学者の渡辺照宏《わたなべしょうこう》氏は「ラッセルのことばこそ感情的だ」と言っています。死後の世界、死後のさばきなどあったら大変だ、ないほうがよい、そう思っているからないように思えてくるのだというわけです。有名な哲学者ベルクソンは「人が死んだらそれでおしまいだと考えるただ一つのはっきりした証拠は、死体がくさってなくなってしまうということである。だから、もし人間の肉体を離れての精神活動が少しでもあるということになれば、死後の世界がないという証拠はなくなってしまう」と書いています。今、超心理学（テレパシーや千里眼のような現象を研究する心理学の部門）が科学的に追究しているのはまさにそういう肉体を離れた精神活動ではないでしょうか。

ところで、もし正しい公平な神がいらっしゃるとしたら、この不公平で悪人が栄えたりしている世の中をさばきもせずにほっておかれるでしょうか。さばきがないとしたらどうしてこの世のすべての宗教が地獄について教えているのでしょう。さばきがないなら、なぜ罪を犯すと、だれも見ていないのに心が痛むのでしょう。さばきがないなら、なぜ死がこんなに恐ろしいのでしょう。さばきはあるのです。聖書がそう教えています。

「人間には、一度死ぬことと死後にさばきを受けることが定まっている……」

（ヘブル９・27）

罪を犯しているならば、さばかれ、そして滅びなければならないのです。

罪とはどんなことか

今まで罪の結果がどんなに恐ろしいものか学んできましたが、いったいどんなこ

ある人は信仰とは賭《か》けだと言います。「神がいらっしゃるかどうかわからないけれど、もし神を信じていないで、神がいらっしゃったら大変なことになる。だから私は神を信じる」と。おもしろいことばです。ここで少し考えてみてはいかがでしょうか。

とが罪なのでしょうか。

ただひとことで罪を定義するならば、**神の律法を破ること**だと言うことができるでしょう。聖書にこう教えられています。

「罪を犯している者はみな、律法に違反しています。罪とは律法に違反することです。」

（Ⅰヨハネ3・4）

ここで注意しなければならないのは、神の律法が問題なのであって、自分が正しいと考えている道徳律とか、たいていの人が実行しているやり方とかいうものを基準として罪か罪でないかを決めるのではないということです。

神の律法

それなら神の律法というのはどういうものでしょうか。

「殺してはならない。」（出エジプト20・13）

「姦淫《かんいん》してはならない。」（出エジプト20・14）

ああ、そんな律法なら私は破っていない――そうあなたはお考えでしょうか。それなら、こういうのはどうでしょうか。

殺人の準備をすると殺人予備罪という罪に問われます。しかし人間の法律は行いに現れない心の中の憎しみまでは追求できません。しかし神はどうでしょうか。

「兄弟を憎む者はみな、人殺しです。」（Ｉヨハネ３・15）

「情欲を抱いて女を見る者はだれでも、心の中ですでに姦淫を犯したのです。」（マタイ５・28）

そんなことを言ってもむりだ、こんなに厳しい律法にはだれも従えるはずがない――そうお思いになるでしょうか。しかし、これが神の律法なのです。考えてみてください。人間のつくった刑法でさえ、殺人罪ばかりでなく、殺人未遂《みすい》や殺人予備といった罪を罰するのです。神がさらに心の中の憎しみや情欲まで問題となさるのは当然ではないでしょうか。

また、イエスはこう言われました。

「『あなたは心を尽くし、いのちを尽くし、知性を尽くして、あなたの神、主を愛しなさい。』これが、重要な第一の戒めです。『あなたの隣人を自分自身のように愛しなさい』という第二の戒めも、それと同じように重要です。この二つの戒めに律法と預言者の全体がかかっているのです。」（マタイ22・37―40）

私たちは全身全霊をあげて神を愛しているでしょうか。神を信じているでしょうか。神はさておくとしても、隣人を――自分の好きな友人ではなく、また遠くにいる人でもなく、あなたの隣にいてあなたと趣味が合わなかったり、意見が違ったり、利害が衝突したりすることもある人を、自分と同じように――心から、また自然に、愛することができているでしょうか。愛したいと思うのではなく、愛しているでしょうか。私たちは人が自分を愛してくれないことに不平をならしますが、しかし、自分では愛しているでしょうか。聖書にはまたこう記されています。

「なすべき良いことを知っていながら行わないなら、それはその人には罪です。」（ヤコブ4・17）

つまり、罪というのは行ったことばかりでなく、行わなかったことについてもあるというのです。ですから人に対して無関心であるということは、憎んでいるのと同じ罪だということになります。

そんなことまで罪だというのなら、だれひとりとして罪を犯さない者はいないではないか――そうです、そのとおりなのです。

「すべての人は罪を犯して、神の栄光を受けることができず、……」（ローマ3・23）

どうでしょうか。あなたも罪人《つみびと》でしょうか。どうしてそんなに人を罪人扱いしたいのか、そうおっしゃるかもしれません。しかし、神から離れているという事実がわからないで、どうして神のもとに帰れるでしょうか。自分が今どこにいるかわからないで、どうして神のもとに行く道を知ることができるでしょうか。元東京大学総長の矢内原忠雄《やないはらただお》氏は、「望遠鏡を用いないで天文学の研究をする者が愚かであるように、自分自身の罪を通さずに神を見ようとする者は愚かである」と書いています。カルヴァンも「人間の罪深さを知らないで、どうしてきよい神を知ることができようか」と言っています。そうです、私たちが自分は罪人だと気づいた時、次の聖書のことばの意味がよくわかるでしょう。

「すべての人は罪を犯して、神の栄光を受けることができず、神の恵みにより、キリスト・イエスによる贖《あがな》いを通して、価《あたい》なしに義と認められるからです。」

（ローマ3・23、24）

イエスは、このステップの初めに記したあの中風の男に対して言われたように、「子よ、あなたの罪は赦された」とあなたにも言ってくださるのです。

ステップ
6 あの預言者

ふしぎなお方

私たちはこのステップ6で、もう一度イエス・キリストについて学びたいと思います。もう一度と言いましたのは、もちろんステップ4ですでにイエスのことを考えてみたからです。あなたはステップ4を読んでどんな印象をおもちになったでしょうか。実にふしぎだ、信じられないほどだ、そんなふうにお感じになった方が多かったのではないかと思います。

確かにイエス・キリストはふしぎなお方です。思い出すままにふしぎな点を挙げてみるならば、まず第一に、旧約聖書の中にこの方についていろいろと預言されていることです。実はこのステップの表題も、数ある預言の中の一つからとったものなのです。

「わたしは彼らの同胞のうちから、彼らのためにあなたのような一人の預言者を起こして、彼の口にわたしのことばを授ける。彼はわたしが命じることすべてを彼らに告げる。」

（申命記18・18）

この預言を信じていたイスラエル人たちは、バプテスマのヨハネという人が現れた時、ヨハネこそが預言された救い主ではないかと考えたので、「あなたはあの預言者ですか」と尋ねました（ヨハネ1・21）。

イエスについてのふしぎの第二は、処女からお生まれになったこと、そして第三は、第二のことと密接な関係がありますが、イエスが神であるとともに人でもあるということです。

「キリストも、肉によれば彼ら*から出ました。キリストは万物の上にあり、とこしえにほむべき神です。」

（ローマ9・5）

もし、私たちを救ってくださるために、どうしても神であると同時に人でもある救い主が必要ならば、このふしぎなお方こそ唯一の救い主であることになります。

「この方以外には、だれによっても救いはありません。天の下でこの御名《みな》のほかに、私

旧約聖書はヘブル語で書かれています。

密接な関係である理由は、ふつうの誕生によってはふつうの人間しか生まれないため、神が人となるためにはどうしても処女降誕という奇跡が必要だったと考えられるからです。

＊イスラエル人

▽ステップ4

たちが救われるべき名は人間に与えられていないからです。」（使徒4・12）

これから、私たちが救われるためには、はたして「神であるとともに人であるお方」が救い主として必要かどうか、特にこの点に注意しながら学んでいくことにしましょう。

キリスト――油注がれた者

ここでちょっと横道にそれる感がありますが、キリストということばについて学んでみたいと思います。なかにはキリストというのはイエスの姓だと思っておられる方もいるようですが、そうではありません。これはヘブル語のメシアということばのギリシア語訳なのです。

「私たちはメシア（訳すと、キリスト）に会った」（ヨハネ1・41）

このメシアというのは「油注がれた者」――油注ぎ受けた者――という意味のことばです。イスラエル人は、預言者・大祭司・王などを任命する時にその人たちの頭に油を注ぎました。この油注ぎは神がその人を聖なる務めに任命するということを表すものでした。ですから、「救い主として神からの任命を受けた方」がメシア、

▽I列王記19・15―16
「主は彼に言われた。『さあ、ダマスコの荒野へ帰って行け。そこに行き、ハザエルに油を注いで、アラムの王とせよ。また、ニムシの子

キリストと呼ばれるのです。そして、このキリストは油注ぎを受けた者として、預言者・大祭司・王としての務めを果たすべき方なのです。私たちはこれから、イエスがどのようにしてこの三つの務めを果たされたか、また果たしておられるかを学んでいきたいと思います。

預言者としてのイエス

ステップ1のところでもちょっと注意しておきましたが、預言というのは神のことばを神に代わって語ることです。ですから預言者というのは神の代わりに神のご性質や、神のお考え、神のご命令などを人々に語る人ということになります。イエスはこういう意味でまさに**預言者**の務めを果たされました。

「この終わりの時には、御子《みこ》にあって私たちに*語られました。」（ヘブル1・2）

しかし、預言者として神に代わって語るために、神の子イエスは人とならなければならなかったのでしょうか。聖書はこう教えています。

「*ことばは人となって、私たちの間に住まわれた。」（ヨハネ1・14）

「いまだかつて神を見た者はいない。父のふところにおられるひとり子の神が、神を説

エフーに油を注いで、イスラエルの王とせよ。また、アベル・メホラ出身のシャファテの子エリシャに油を注いで、あなたに代わる預言者とせよ。』」
▽レビ記8・12
Ⅰサムエル10・1

*主語は神

*キリストを指す

き明かされたのである。」

（ヨハネ1・18）

霊なる神は目に見えないお方です。人間の力で神を完全に知るということは、大平洋の水を全部小さなコップに注ぎこもうとするようなものです。ですから、どうしても神の本当の姿を知らせるためには神のひとり子イエスが人間とならなければならなかったのです。そのようにして初めて、人が神を見、神を知ることができる道が開かれたのです。イエスはこう言われました。

「わたしを見た人は、父を見たのです。」

（ヨハネ14・9）

それならばイエスは神についてどんなことを教えられたのでしょうか。

●ことばによる教え

まず第一に、イエスは**ことば**によって神がどういうお方であるか、何を命じておられるかを教えてくださいました。その教えの内容はあなたが直接聖書を開いて読んでくだされぱいちばんよいと思います。ですからここでは、そのほんの一例を挙げるだけにしましょう。

「何を食べようか、何を飲もうか、何を着ようかと言って、心配しなくてよいのです。……あなたがたにこれらのものすべてが必要であることは、あなたがたの天の父が知っておられます。まず神の国と神の義を求めなさい。そうすれば、これらのものはすべて、それに加えて与えられます。」

（マタイ6・31—33）

イエスは神が**私たちの父**——私たちの必要なものを知っていて、それを与えようとしている愛のお方であることを、初めて教えてくださったのです。

しかし、それと同時にこうもおっしゃいました。

「『あなたの隣人を愛し、あなたの敵を憎め』と言われていたのを、あなたがたは聞いています。しかし、わたしはあなたがたに言います。自分の敵を愛し、自分を迫害する者のために祈りなさい。天におられるあなたがたの父の子どもになるためです。」

（マタイ5・43—45）

イエスは、旧約時代の預言者を通して神が語られた戒めの本当の意味を神の子の権威をもって説き明かしてくださったのです。これこそ**天の父の子ども**たちに対する神のご命令でした。そして私たちはこういう律法を読む時、それが確かに正しいこと、自分たちもそのとおりにしなければならないことがわかりますが、しかしまた、自分がとうていそれを実行できないような弱い者であることを思い知るのです。そして何とかして、この神のご命令に従える者となりたいと心から願うのです。

●行いによる教え

また、イエスは行いによって神がいかなるお方であるか、何を望んでおられるかを示してくださいました。ですからイエスを見た人は神を見たのだと言えたのです（ヨハネ14・9参照）。

「キリストのうちにこそ、神の満ち満ちたご性質が形をとって宿っています。」

（コロサイ2・9）

神のきよさも正しさも、知恵も力も、そして善も愛も、イエスのなされたことの中にはっきりと示されているのです。

イエスはまた、神のみこころを行うことによって、神が私たちに何を望んでおられるかを示されました。

「わたしが天から下って来たのは、自分の思いを行うためではなく、わたしを遣わされた方のみこころを行うためです。」

（ヨハネ6・38）

私たちの模範

しかし、ここでもう一つのことに注意しておく必要があると思います。すなわち、イエスは私たちの模範となられたということです。人間である私たちの模範となるためには、もちろん、イエスは人間とならなければなりませんでした。聖書はこう教えています。

「キリストも、あなたがたのために苦しみを受け、その足跡に従うようにと、あなたがたに模範を残された。」（Ｉペテロ２・21）

「キリスト・イエスのうちにあるこの思いを、あなたがたの間でも抱きなさい。キリストは、神の御姿《みすがた》であられるのに、神としてのあり方を捨てられないとは考えず、ご自分を空《むな》しくして、しもべの姿をとり、人間と同じようになられました。人としての姿をもって現れ、自らを低くして、死にまで、それも十字架の死にまで従われました。」（ピリピ２・５―８）

イエスは苦しみに耐える忍耐、自分を犠牲にする愛、どこまでも神に従っていく従順、喜んで人に仕える謙遜《けんそん》のすばらしい模範なのです。しかも、このようなことを人間としてイエスがやりぬかれたということは、なんという励ましでしょうか。もちろん私たち自身の力でイエスのまねをすることはとうていできません。

こんな話があります。ピアノの演奏の好きな牧師がいました。ある晩、彼は世界的に有名なピアニストの演奏会に、友人といっしょにでかけました。演奏会の帰り道、友人は牧師の家に立ち寄りました。「すばらしい演奏だったね。ところで君もおとくいの曲を聴かせてくれないか。」友人のことばに牧師は答えたと言います。「あの完全な演奏を聞いた後で、ピアノが弾けると思うかい。ぼくは今このピアノを打ち壊してしまいたいくらいだよ。」

あまりに完全な模範というのは、人を絶望させてしまうかもしれません。確かにイエスの模範は一点の非のうちどころもない完全なもので、私たちがそれに従おうとするならば、自分はとうていそんなことはできない、ということがわかるだけかもしれません。太宰治《だざいおさむ》、芥川龍之介《あくたがわりゅうのすけ》、彼らはよく聖書を読みました。彼らの作品にそれがよく示されています。しかし、彼らはただ聖書の中からイエスの模範だけを見ていたのかもしれません。そして、彼らの最期は悲惨な自殺の途だったのです。しかし、聖書はイエスが父なる神に祈り、恵みと力をいただいている姿を私たちに教えています。また人間としてのいろいろな苦しみに耐えながら、それに打ち勝っ

▽ヘブル５・７
「キリストは、肉体をもって生きている間、自分を死から救い出すことができる方に向かって、大きな叫び声と涙をもって祈りと願いをささげ、その敬虔《けいけん》のゆえに聞き入れられました。」

ていく様子が記されています。イエスは確かに私たちのおよびもつかないほどの高い道を歩んでおられます。しかし、その道を人間として歩んでおられたのです。そうです。イエスの生涯は、罪がゆるされた者、救われた者が従うべき模範です。私たちもまず罪をゆるされ、主の恵みによって、その足跡に従う者となりたいものです。

▽ヘブル4・15
「私たちの大祭司は、私たちの弱さに同情できない方ではありません。罪は犯しませんでしたが、すべての点において、私たちと同じように試みにあわれたのです。」

ステップ7 王である祭司

大祭司イエス

ステップ6で私たちは、預言者としての務めを果たされたキリストについて学びました。このステップでは、キリストの大祭司としての務め、また王としての務めについて考えたいと思います。

まず大祭司ですが、これは神と人との間に立って、仲介者となり、とりなしをする者です。しかし、前にも学びましたようにすべての人は罪を犯し、神から遠ざけられ、さばかれなければならない者なのです。それならばどのようにして人は神に近づくことができるのでしょうか。大祭司がいけにえをささげることによって初め

▽Iテモテ2・5
「神は唯一です。神と人との間の仲介者も唯一であり、それは人としてのキリスト・イエスです。」

て神に近づくことができたのです。

「大祭司はみな、人々の中から選ばれ、人々のために神に仕えるように、すなわち、ささげ物といけにえを罪のために献《ささ》げるように、任命されています。」（ヘブル5・1）

罪をゆるしていただくためには、どうしてもいけにえの血が流されなければならないとされていました。

「血を流すことがなければ、罪の赦《ゆる》しはありません。」（ヘブル9・22）

イエスのささげたいけにえ

それならば、イエスは大祭司としていったいどんないけにえをささげられたのでしょうか。

「キリストはただ一度だけ、世々の終わりに、ご自分をいけにえとして罪を取り除くために現れてくださいました。」（ヘブル9・26）

ご自分——これがイエスがささげられた「一つの永遠のいけにえ」だったのです。そうです、もうおわかりでしょう。イエスの十字架こそが、私たちの罪のためにささげられたいけにえだったのです。

▽ステップ5
聖句の中の「人々の中から選ばれ」「人々のために」（別訳「人々を代表するように」）ということばに注意してください。ここで大祭司は人間の代表であり、人間でなければならないことがはっきりと示されています。ですからイエスは人間となる必要があったのです。

▽ヘブル10・12
「キリストは、罪のために一つのいけにえを献《ささ》げた後、永遠に神の右の座に着き、……」

ある人はイエスの十字架を偶然のできごとか、あるいは殉教のようなものだと思っています。しかし、けっしてそんなものではありません。前にも引用しましたが、旧約聖書のイザヤ書53章にははっきりとイエスの十字架の意味が預言されています。また十字架をめぐる様々な事件の預言もあります。これは福音書の十字架の記事のところを読むならすぐわかるでしょう（福音書に明記しているもの以外にも預言されていることは多くあります）。そのうえ、創世記から始まって旧約の時代を通して「いけにえの血」によってのみ罪がゆるされると教えられ、またイスラエル人たちが実際にその儀式を行い続けてきたことも、イエスの十字架を予告するものでした。ある人は「聖書全体を通して、贖《あがな》いの血の、赤く続いた跡をたどることができる」と言っていますが、確かに旧約聖書の最も重大な主題は「救い主の死」による救いということです。さらに新約聖書に目を移すと、十字架の重要性はもっとはっきりします。トーレーという伝道者は、新約聖書の中に十字架について一七五回も書かれていると言っています。

▽ステップ4

十字架はなぜ必要か

いったいどうして十字架がそんなに重要なのでしょうか。私たちの救いのためになぜ十字架が必要なのでしょう。聖書にこうあります。

「神はこの方を、信仰によって受けるべき、血による宥《なだ》めのささげ物として公に示されました。ご自分の義を明らかにされるためです。神は忍耐をもって、これまで犯されてきた罪を見逃してこられたのです。」

（ローマ３・25）

私たちは罪を犯しました。そして自分の力でその罪をゆるしていただくことはできません。今まで学んできたような神の律法を私たちはとうてい守ることができませんし、たとえこれから守れたとしても、今までに犯してしまった罪はもうどうすることもできないからです。神は私たちを愛して、こういう私たちの罪をじっとがまんして見逃してきてくださいました。しかし、神は愛の神であるとともに正しい神、どんな罪でもそのまま見逃すことのできない方です。では、どうしたら神のこの愛と義をともに現すことができるのでしょうか。それは、神が、ご自身の御子《みこ》イエス・キリストを、私たちの身代わりとして十字架につけ、正しいさばきを行い、

▽ステップ５
▽ステップ２

その十字架の血によって私たちの罪をゆるすという驚くべき救いの道だったのです。

なぜイエスの十字架か

私たちの罪がゆるされるためにだれかが身代わりとなって刑罰を受けなければならないとしても、どうしてイエスが十字架につかなくてはならなかったのでしょう。身代わりとなるための条件を考えてみましょう。まず第一に、人の代わりになるのですから人でなくてはなりません。しかも、罪のない人でなければだめです。ということはふつうの人ではだめだということになります。それにもし罪を犯したことのない人がいたとしても、一人の人はただ一人の身代わりが務まるだけです。ですから私たちの身代わりとして死んでくださるお方は、ただ神であるとともに人であるイエスだけということになります。

▽ヘブル10・4、12、17
「雄牛と雄やぎの血は罪を除くことができないからです。」

「キリストは、罪のために一つのいけにえを献げた後、永遠に神の右の座に着き、……」

「わたしは、もはや彼らの罪と不法を思い起こさない。」
▽ローマ3・23
「すべての人は罪を犯して、神の栄光を受けることができず、……」

十字架による救い

それなら主の十字架によって、どんな祝福が私たちのものとなるのでしょうか。

● 宥めのささげ物

「*この方こそ、私たちの罪のための、……宥《なだ》めのささげ物です。」 （Ｉヨハネ２・２）

宥めのささげ物――つまりこの十字架によって私たちの罪は全くゆるされるのです。

● 神との和解

「十字架によって神と和解させ……。」 （エペソ２・16）

十字架によって私たちは神との平和を得ることができるのです。

● 贖いの代価

「人の子が、……多くの人のための贖《あがな》いの代価として、自分のいのちを与えるために来

今まで様々な点から考えましたが、ここでも救い主は神であるとともに人であるお方でなければならないということがわかります。ここに書かれている理由が最も重大です。イエスこそ唯一の救い主であることは明らかなのです。

＊イエスのこと

た……」

（マタイ20・28）

贖いの代価というのは、奴隷を買いもどす代金のことです。十字架によって私たちは罪の奴隷であったのが自由にされ、神に従うことができる者とされるのです。

いかがでしょうか。あなたはご自分が神に罪をゆるしていただかなければならない罪人《つみびと》であるとおわかりになったでしょうか。そしてあなたを愛して、あなたのためにご自身をいけにえとしてささげてくださったイエスの十字架を信じ、罪をゆるし救っていただきたいと願われるでしょうか。もしあなたが、この大祭司であるイエスを救い主として受け入れるなら、あなたの罪はゆるされ、神と和解し、そして罪から解放されるのです。

救いの確証――復活

それでもなお、ある人は十字架の救いの確実さを疑うかもしれません。それで神は、はっきりした証拠を示してくださいました。

「主イエスは、私たちの背きの罪のゆえに死に渡され、私たちが義と認められるために、よみがえられました。」

（ローマ4・25）

▽ヨハネ8・34―36

「イエスは彼らに答えられた。『まことに、まことに、あなたがたに言います。罪を行っている者はみな、罪の奴隷です。奴隷はいつまでも家にいるわけではありませんが、息子はいつまでもいます。ですから、子があなたがたを自由にするなら、あなたがたは本当に自由になるのです。』」

あなたは救いを受けたいと思われますか。もしそうなら後にのばさず、今すぐイエスをあなたの個人的な救い主として受け入れ、このお方にすべてをお任せする決心をしてください。今すぐにです。

すなわち神は、十字架の上でささげられたイエスのいけにえを受け入れ、私たちの罪をゆるしたことのあかしとして、イエスをよみがえらせたのです。

「死人の復活」など信じられないと言う人もいるでしょう。しかし、神が私たちの救いの確証として、御子を死人の中からよみがえらせることは不可能なことなのでしょうか。それどころか、主の復活については聖書の中に多くの証拠――たとえばイエスの墓がからになっていたことや多くの目撃者がいることなど――があって、最も証明しやすい奇跡とさえいわれているのです。

とりなしをしておられる大祭司

そして復活したイエスは、昇天なさった今も、父なる神のみもとにあって、大祭司として私たちのために祈っていてくださるのです。

「イエスは永遠に存在されるので、変わることがない祭司職を持っておられます。したがってイエスは、いつも生きていて、彼らのためにとりなしをしておられるので、ご自分によって神に近づく人々を完全に救うことがおできになります。」

（ヘブル7・24、25）

▽ヘブル4・15、16

「私たちの大祭司は、私たちの弱さに同情できない方ではありません。罪は犯しませんでしたが、すべての点において、私たちと同じように試みにあわれたのです。ですから私たちは、あわれみを受け、また恵みをいただいて、折にかなった

この大祭司――「すべての点において、私たちと同じように試みにあわれた」ので「私たちの弱さに同情でき」「折にかなった助けを」与えてくださることのできる大祭司（ヘブル4・15、16）に「大胆に」助けをお願いできることは、なんとすばらしいことでしょうか。

王としてのキリスト

最後に、私たちは王としてのキリストの務めについて考えましょう。

イエスは今まで見てきましたように、謙遜《けんそん》に神に従い、人に仕える態度でこの地上の生涯を送られましたが、油注がれた王であることも聖書の中に示されています。たとえば、お生まれになった時「ユダヤの王」と呼ばれていますし、十字架を前にしてエルサレムに入城された時、ご自分が旧約で預言されている王であることを、ろばに乗ることによってはっきり示されました。そして、あのみじめな十字架の上にも「ユダヤ人の王」というタイトルが記されてあったのです。

こういう聖句もあります。

「……神は……キリストを死者の中からよみがえらせ、天上でご自分の右の座に着かせ

助けを受けるために、大胆に恵みの御座《みざ》に近づこうではありませんか。」

▽ピリピ2・6―8
「キリストは、神の御姿《みすがた》であられるのに、神としてのあり方を捨てられないとは考えず、ご自分を空《むな》しくして、しもべの姿をとり、人間と同じようになられました。人としての姿をもって現れ、自らを低くして、死にまで、それも十字架の死にまで従われました。」
▽マタイ20・28

▽マタイ2・2
マタイ21・1―5
ヨハネ19・19―22

て、すべての支配、権威、権力、主権の上に、また、今の世だけでなく、次に来る世においても、となえられるすべての名の上に置かれました。また、神はすべてのものをキリストの足の下に従わせ、キリストを、すべてのものの上に立つかしらとして教会に与えられました。」

（エペソ1・20―22）

イエスはすべてのものの上にある王であるばかりでなく、教会の頭《かしら》、教会の王でもあるのです。私たちはこの王に守られ、この王に従っていくのです。

再び来られるキリスト

さらに次のような重大なことも教えられています。

「人の子*は、やがて父の栄光を帯びて御使《みつか》いたちとともに来ます。そしてそのときには、それぞれその行いに応じて報います。」

（マタイ16・27）

すなわち、イエスは再びこの地上においでになり（再臨）、すべての人をさばき、そして王として永遠に治めるというのです。そして、これこそキリストを信じる者の望みです。

しかしその時、罪人《つみびと》は永遠のさばきに定められるのです。聖書は罪を犯した者の

*キリストのこと

「受ける分は、火と硫黄《いおう》の燃える池の中にある。これが第二の死である」（黙示録21・8）と教えています。神のあらゆる恵みから永遠に切り離されるのです。そこから逃れる道はただ一つ、今、イエスを信じることです。

私たちはここで静かに神からの救い主のことを——預言者として、大祭司として、そして王としてのお働きの一つ一つを考えてみたいと思います。そしてこのお方を信じましょう。このお方がただひとりの救い主なのですから。

ステップ 8 救いへの道

救われるためには

私たちは今まで、私たちが悩んだり苦しんだりして本当の幸福を経験することができないのは自分自身の罪のためだということ、またイエス・キリストが私たちを救ってくださる救い主であることを学んできました。しかし、いちばん肝心なところがまだはっきりしていないと感じる方もおられると思います。いちばん肝心なこと――それは、どうしたらこの私が救われるのかということです。それがわからなければ救いの恵みがどんなにすばらしくても、私にとってそれは「絵にかいたもち」になってしまいます。

この点についてイエスはこう教えています。

「時が満ち、神の国が近づいた。悔い改めて福音を信じなさい。」（マルコ1・15）

パウロも小アジアの地方での自分の説教を手短にまとめてこう言っています。

「ユダヤ人にもギリシア人にも、神に対する悔い改めと、私たちの主イエスに対する信仰を証《あか》ししてきたのです。」（使徒20・21）

このどちらの説教でも二つのこと、すなわち「悔い改め」と「信仰」が救いを受けるために必要だと教えています。

今、二つのことと言いましたが、本当にこれは二つのことなのでしょうか。聖書を調べてみますと、おもしろいことに気がつきます。マタイの福音書に同じイエスの説教が、「悔い改めなさい。天の御国《みくに》が近づいたから」（マタイ4・17）と要約してありますし、パウロもピリピの看守に向かって「主イエスを信じなさい。そうすれば、あなたもあなたの家族も救われます」（使徒16・31）と教えているのです。これは悔い改めと信仰というものが別々のものではなくて、時にはその一つのほうだけ挙げただけでもう一つもふくまれるといった関係にある、つまり一つのことの裏表だということを示しているのでしょう。確かに私たちの心の中では悔い改めと信仰が必ずいっしょに起こります。もし別々になったとしたら、これは本当の悔い改め、本当の信仰ではないと考えてまちがいありません。ですから、イエスもパウロも私たちが救われるためには「悔い改め・信仰」が必要だと教えているのです。もちろん説明のためには別々に考えたほうがわかりやすいこともあります。しかし実際には分けることができないものだということはよく覚えておいてください。

悔い改め・信仰

それなら、どうして救われるために「悔い改め・信仰」が必要なのでしょうか。前にも学んだことですが、罪人《つみびと》である私たちは、神のみもとから迷い出ているのです。聖書にはこう書いてあります。

「私たちはみな、羊のようにさまよい、それぞれ自分勝手な道に向かって行った。しかし、主は私たちすべての者の咎《とが》を彼に負わせた。」（イザヤ53・6）

私たちは神から離れて、おのおの自分の道、自己中心で自分のことばかり考える道、そういう道に迷って行っているのではないでしょうか。そういうところから神のもとに帰るために、私たちがしなければならないのはどういうことでしょうか。まず第一に回れ右をすることです。それから神の方へ向かって行くことです。この

▽ステップ3・4・5

回れ右が悔い改めで、神の方へ向かうことが信仰だと言ってもよいと思います。しかし、たとえはあくまでたとえです。誤解があったりするといけませんから、もう少していねいに考えてみましょう。

悔い改め――心を変える

わかりやすくするために、まず初めに悔い改めについて考えましょう。悔い改めとは回れ右だと言いましたが、ギリシア語の悔い改めということばは「心を変える」という意味なのです。心を変える――それはどういうことでしょうか。

● 考え方を変える

まず第一に考え方を変えることでしょう。今まで自分のことばかり考え、欲望のままにふるまうことが自分にとっていちばんよいことと考えていた、神のことなど少しも考えず、神を信じて生きることなどごめんだと思っていた、そういう考えを全く変えるのです。自分の道を捨てて神に帰ることが正しいことなのだと認めるのです。

▽ルカ15・17
「本心に立ちかえって」
（口語訳）

● 罪を悲しむ

次に罪を悲しむことです。自分の犯した罪を悲しんで、罪から離れたいと願うことです。ここでまちがってはならないことは、悔い改めとは罪の結果の苦しみを嘆くことではないということです。それは後悔です。悔い改めというのは自分の罪そのもの――たとえその罪の結果が自分にとって利益になったとしても、それが罪であるならば、その罪を悲しみ、捨てたいと心から願うことです。

● 罪を告白し捨てる

第三には、罪を告白し、その罪を捨てることです。

告白というのは、罪をそのまま認め、そしてそれをそのまま口に出して言うことです。これは牧師や神父などの特別な人に対してするいわゆるざんげ（告解《こっかい》）ではありません。ざんげというのは、そういう行いによって罪をゆるしてもらおうという心からするもので、本当の悔い改めとは全く違うものです。本当の悔い改めの告白は、まず神に向かって罪を言い表すことです。祈りのうちに神に言い表すのです。そしてもし必要ならば罪を犯した相手にも告白し、ゆるしを願うべきです。そして

▽Ⅱコリント7・10
「神のみこころに添った悲しみは、後悔のない、救いに至る悔い改めを生じさせますが、世の悲しみは死をもたらします。」

▽Ⅰヨハネ1・9
「もし私たちが自分の罪を告白するなら、神は真実で正しい方ですから、その罪を赦《ゆる》し、私たちをすべての不義からきよめてくださいます。」

▽マタイ5・23、24

▽ルカ19・8

償《つぐな》うことのできるものは、償うのです。

　罪を捨てるというのは自分の行いを改めるというのと少し違います。私たちは自分で自分の行いを改められない、それが実状ではないでしょうか。罪を捨てるとは、罪に対してはっきりと背を向けることです。今までのように、少しくらいはいいだろうと目をつぶったり、どうせ自分はだめな人間だとやけになったり、こんな時くらいかまわないだろうと弁解したり、そうしたことをいっさいなしに、きれいさっぱり縁を切ると心に決めるのです。たとえるなら、罪を握っていないで、手のひらを完全に開いてしまうことです。小指一本かけないで全く離してしまうのです。罪はまだ手のひらの上にあるかもしれません。しかし離してしまって、「神よ、どうかこの罪を取り去ってください」と神にお任せするのです。これが罪を捨てることです。

　悔い改めがこういうものだとすれば、信仰をもたなければ悔い改めることもできないということ、逆に本当に悔い改めるならば、信仰ももつことになるということがわかると思います。

▽イザヤ55・7
「悪しき者は自分の道を、不法者は自分のはかりごとを捨て去れ。主に帰れ。そうすれば、主はあわれんでくださる。私たちの神に帰れ。豊かに赦してくださるから。」

信仰——信頼する

次に信仰ですが、これは信頼するということです。前に、神の方へ向かって行くことが信仰だと言いましたが、神が自分を受け入れてくださると信頼して神の方へ向かうのです。それではこの信頼するとはどういうことでしょうか。

●知る

第一に神のことを知るということです。何も知らないで信じたというのでは、信頼ではなく盲信です。信仰とは「イワシの頭も信心から」というような、ただの心のもち方、気のもち方といったものではないのです。意味もわからずにお経をあげたり、おつとめをすることでもありません。ただ感情的な「ありがたや、ありがたや」でもないのです。しっかりとした知識に基づく信頼なのです。ただここでちょっと注意しなければならないのは、この知識というのは、神についての完全な知識ではないということです。私たち人間の理性で絶対的な神のすべてが理解しきれる

▽ローマ10・13―17

でしょうか。自分のことでも五分後にどんなことが起こるかわからないような私たちが、自然界のふしぎさえきわめ尽くすことができないでいる私たち人間が、神のことを完全に理解し、納得できるはずはないのです。しかし、そうかといって私たちは神のことが全くわからないのでもありません。私たちが神を信頼するために必要な程度の知識はもつことができます。そしてこの講座の目的はまさにそういう知識を得ることです。ですから、今まで学んできた方は必要な知識のすべてをもっておられるのです。

●受け入れる

第二は受け入れるということです。自分がすでに得た知識に従って、自分が救われなければならない罪人であることを認め、イエス・キリストが自分の罪のために死んでくださったことを認め、そして自分の救い主としてイエスを受け入れるのです。知っているだけでは何にもなりません。受け入れなくてはならないのです。

●任せる

第三は任せるということです。多くの人は受け入れるところまでいきます。しか

▽ヨハネ1・12
「しかし、この方を受け入れた人々、すなわち、その名を信じた人々には、神の子どもとなる特権をお与えになった。」

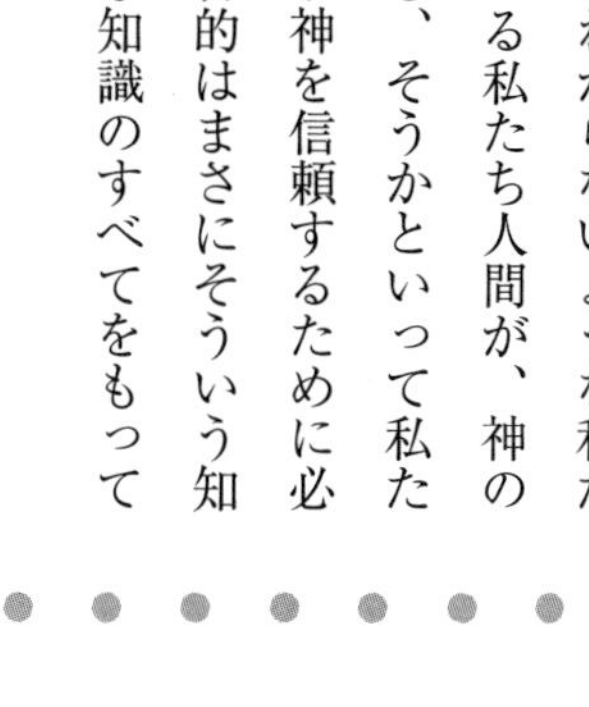

し任せることを知らないために信仰の喜びや確信をもつことができません。

あなたが病気になったとします。あなたはその病気が手術しなければならないものだと教えられます。そしてその手術を上手にすることのできる医師も紹介してもらいます。あなたはこれで知ることができました。そこであなたはその医師のところへ行きます。診察を受け、手術を依頼します。あなたはその医師を受け入れました。ところであなたはその次に何をしますか。手術台の上でメスを取って自分の体を切ろうとしますか。医師の言うことを聴かないで、自分勝手に動き回りますか。任せなさい！そうです、神に任せるのです。

ある人がクリスチャンになった時、「私が救われるために、神さまも私も精いっぱい努力しました」と言いました。聞いた人がふしぎそうな顔をすると、彼は続けて言いました。「神さまは私を救おうとして努力なさったし、私はまた私で、救われないように努力していましたからね。」そうです、あなたを救ってくださるのはいいいい、神なのです。イエス・キリストなのです。あなたの努力、あなたの心配、それはかえって救いを妨げているのです。神を信じてください。自分の決心、自分の努力、自分の信仰を信じようとしないで、ただ神に任せるのです。

あなたはまだ神のことがよくわからないと考えているかもしれません。しかし、

▽エペソ2・8、9
「この恵みのゆえに、あなたがたは信仰によって救われたのです。それはあなたがたから出たことではな

前にも言いましたように、私たちは信じる前に完全に神を知ることはできないのです。あなたはひとりの人に信頼しないで、その人のこと、その人のことばを理解できるでしょうか。信頼し合っている人だけが、お互いに理解し合えるのではありませんか。ある神学者は「私は知るために信じる」と言いました。信じないでは知ることさえできないのです。

あなたが信じるために必要な知識はもう得られたのです。信じるためにはそれで十分なはずです。あるいはあなたは、信じているように感じないとおっしゃるかもしれません。しかし、信仰は感情ではありません。少なくとも最も重要なものは感情ではありません。大事なことは任せることです。信頼することです。あなたは水道の水に毒がはいっていないと信じて、グッと飲みほします。水道局の人を信じているからです。あなたは毎晩心配しないで眠ります。明日も太陽が東から出ると信じているからです。人を信じ、自然を信じるあなたが、それらをつくられた神を信じることができないはずはないと私は思います。今、神に任せてください。

く、神の賜物《たまもの》です。行いによるのではありません。だれも誇ることのないためです。」

ステップ 9
救いの確信

かたい岩の上に

「私は確かにイエス・キリストを信じたつもりなんです。しかし、どうも救われているかどうかはっきりしない、確信がもてないのです。」よくこういう人がいます。中には、「自分で私は救われました、などと決めこむのは高慢というものですよ。天国へ行ってみなければ本当に救われているかどうかわからないでしょう」と言う人さえいます。しかし聖書にはこう書いてあります。

「滅びの穴から　泥沼から　主は私を引き上げてくださった。私の足を巌《いわお》に立たせ　私の歩みを確かにされた。」（詩篇40・2）

神は私たちを不安と恐れの泥沼から引き上げて、かたい岩の上に立たせてくださるのです。救いの確信を与えてくださるのです。しかし、実際はどうして確信をもつことができないのでしょう。それはあまりに自分自身ばかりを見ていて、イエス・キリストを見ようとしないからではないでしょうか。

「信仰の創始者であり完成者であるイエスから、目を離さないでいなさい。」

（ヘブル12・2）

イエスこそあなたの信仰の源であり、その信仰をまっとうしてくださる方なのです。このお方から目を離しては、確信を失うのは当然ではないでしょうか。

砂のような土台

しかし、これでは少し結論を急ぎすぎているように感じるかもしれません。もう少し具体的に、どうしたら確信をもつことができるのかを考えてみましょう。そのために初めに、確信の土台となることのできない、いくつかのものを見ていきたいと思います。というのは多くの人がそういう頼りにならない砂の土台の上に、自分の確信をつくりあげようとむだな努力を続けているからです。

●感情

まず第一に、頼りにならない土台は**感情**です。感情ほど変化するものはありません。風の中の羽根や、変わりやすい秋の空にたとえられるくらいです。ところが多くの人は、信仰も宗教も感情的なものだと思っていますので、感情にばかり気をとられて確信をもつことができないのです。それはちょうど、水の上を歩いているうちに風を見てこわくなり、イエスから目を離して沈みかけたペテロのようなものです。忘れないでください。救いの経験というのはただの感情的なものではないのです。少なくとも「まず第一に感情」ではありません。ある人はまず十字架の事実、それからそれを信じる信仰、そしてその結果が感情だと言いました。たとえ感情が変わらなくても、あるいは反対にかえって苦しくなるようなことがあっても、ただイエスだけを信じるのです。心に黒雲がかかっても、その雲の上にはイエス・キリストの太陽が輝いていることを信じるのです。そうするならば、やがて明るい光がさしこむ時があるでしょう。嘆きの夜が去り、喜びの朝が来るのです。

▽マタイ14・28―31

▽ステップ8

▽詩篇30・5
「まことに　御《み》怒《いか》りは束《つか》の間《ま》　いのちは恩寵《おんちょう》のうちにある。夕暮れには涙が宿っても　朝明けには喜びの叫びがある。」

●行い

また多くの人は自分の行いを確信の土台としようとします。ところが信仰をもつ前とくらべて自分の行いは少しもよくなっていない、いやむしろ悪くなっているようにさえ感じる、それで自分は救われていないと考えるようになるのです。しかし、あなたは行いによって救われたのではなく、ただ恵みのゆえに、信仰によって救われたのに、どうして行いのことばかり気にするのでしょうか。もちろん、救われた者は新しいいのちが与えられ、新しい歩みができるようになるはずです。神に近づくことができるはずです。しかし、大けがをして気を失っている人は痛みを感じませんが、息を吹きかえすと痛くてたまらなくなります。また、高層ビルは離れて見ているとたいしたことはないようですが、近くへ行くとものすごく高く見えるようになります。同じように、クリスチャンになっていのちが与えられると、かえって罪の傷の痛みがわかるようになり、神に近づくようになると、神はますます偉大で自分はますますいやしい者だとわかるようになるのです。ですから行いのことが気になるのは、ある意味では救われているからだといえるのです。自分のいたらないところに気がついたら、かえってひたむきに前進しようではありませんか。

▽エペソ2・8、9

この新しいいのち、新しい歩みについては、後に学びましょう。

▽ピリピ3・12―15

● 信仰

さらに、多くの人は自分の信仰を確信の土台にしようとします。この人たちは信仰によって救われるのだから、救いの確信は信仰の強さから来るはずだと考えるのです。そして自分の信仰を調べてみます。でも、いったいどのくらい信じたら救われるのか、それさえわかりません。そしてこんな信仰でだいじょうぶだろうかと思うようになってしまうのです。

ある人がルターのところへ手紙を書いて、「なぜただ信仰によって救われるのか教えてほしい」と頼みました。ルターは、「神がもし私たちに『愛しなさい、そうしたら救ってあげよう』と言われたとしても、私たちは神に救っていただけるほど愛することはできない。だからただ信仰によって神の救いを受けるよりほかないのだ」と答えました。するとその人はまたルターに手紙を書いてこう言ったといいます。「よくわかりました。それからもう一つ私の気がついたことがあります。それは神がもし私に『十分に信じなさい、そうしたら救ってあげよう』と言われたとしたら、私は救っていただけるだけ十分に信じることができないということです。ですから、信仰というのは決して行いではなくて、ただ神の救いを受けるだけのものだとわかりました。」

そうなのです。あなたの信仰が十分かどうか、それは問題ではないのです。信仰は行いではないのですから。問題はあなたが信仰によって神からの恵みを受け取っているかどうか、つまりあなたが**神**を信じているかどうかなのです。

一人の婦人が教会に来て、牧師に「私はどうしても信じられません」と言いました。すると牧師は「だれを信じられないのですか」と尋ねました。「どうしても信じられないのです。」婦人はまた言いました。「だれを信じられないのですか。」牧師はまた聞きました。同じことが何度もくりかえされて、とうとう婦人は答えました。「自分を信じられないのです。」

どうでしょうか。あなたは自分の信仰を信じているのですか、あるいは神を信じているのでしょうか。

● 知識

またある人は知識を確信の土台にしているようです。でもそういう人はたいてい、自分が知識に頼ろうとしているのだとは思いません。彼らはこう言うのです。「私はまだ疑いをもっています。信じられないのです。」ところが実はその人は神を疑

ここで行いというのはエペソ2・9に用いられていることばで、神からの恵みを受けるだけの功徳がある行為という意味です。

っているのではありません。まだわからないところがあるのです。疑いとわからないこととを混同しないでください。信仰をもってもわからないことはたくさんあるでしょう。この講座の中でさえ、私は何度も「これについてはよくわからない」と言ったのです。

聖書はこう教えています。

「だれも、すでに据えられている土台以外の物を据えることはできないからです。その土台とはイエス・キリストです。」
（Ⅰコリント3・11）

これは教会の土台のことを言っています。しかし、私たちの確信の土台にイエス・キリスト以外のものを据えることができないということもまた本当なのです。

確信の土台を据える

では、いったいどうしたらこの確信の土台を据えることができるのでしょうか。

● 聖書

私たちに確信を与えるのは、まず第一に聖書、つまり父なる神のみことばです。

▽ヨハネ3・16
「神は、実に、そのひとり子をお与えになったほどに

神は、御子《みこ》を信じる者は一人も滅びないとおっしゃいました。心で信じて、口で告白すれば救われるのだと言われました。罪を告白すれば神は約束に忠実で公平な方だから、その罪をゆるしてくださると教えられました。そしてどんなことがあっても決して捨てないと約束されたのです。ですから私たちは確信に満ちて「私は恐れません」と言えるのです。

あなたはこの聖書が教えているように、信じ、告白し、悔い改めたでしょうか。それならばあなたは聖書が約束しているように救われ、安全に守られているのです。

イエスはこうおっしゃったのです。

「天地が消え去るまで、律法*の一点一画も決して消え去ることはありません。すべてが実現します。」（マタイ5・18）

●救いのみわざ

第二に、御子イエスがなしてくださり、また今していてくださり、そして将来しようとしておられるすべてのこと、すなわちイエスの完全な救いのみわざが私たちに確信を与えます。預言者・祭司・王としてのキリストのみわざは私たちの救いのために十分なものではないでしょうか。そして、主がお生まれになったこと、十字

世を愛された。それは御子《みこ》を信じる者が、一人として滅びることなく、永遠のいのちを持つためである。」

▽ローマ10・9―13
▽Iヨハネ1・9
▽ヘブル13・5、6

*聖書

▽ステップ6、7
▽Iテモテ1・15
▽Iコリント15・1―8
▽使徒1・9、26・26

架におかかりになったこと、三日目によみがえられたこと、天に昇って行かれたこと、それらは世の片隅でこっそりと起こったことでなく、多くの目撃者が証言している歴史的な事実なのです。そうだとすれば、あなたの救いも事実だということになるのではないでしょうか。

● 聖霊

第三に、聖霊のあかしによって、私たちの確信は動かないものとなります。聖霊は私たちが救われて神の子であることをあかししてくださるのです。すなわち、聖霊は私たちの心の中に、何ものによってもゆるがない確信を与えてくださるのです。そしてこの聖霊による平安は、また私たちの心を守る見張り、ガードマンでもあるのです。私たちが罪に近づいたり、罪を犯したりすると、この平安は傷つけられ、あるいは失われて、私たちに警告を与えるのです。

ここで私たちの確信は、**父なる神**のみことば、**子なる神**の救いのみわざ、**聖霊なる神**のあかしという三位一体《さんみいったい》の神の恵みによるということに気がつきます。

実を言うと、私たちが救われるのも、三位一体の神のお働きによるのです。もちろん、私たちはイエス・キリストの十字架の贖《あがな》いによって救われます。しかし、こ

▽ローマ8・16
「御霊《みたま》ご自身が、私たちの霊とともに、私たちが神の子どもであることを証《あか》ししてくださいます。」

ピリピ4・7にある「神の平安が、あなたがたの心と思いを……守ってくれます。」という聖句の中の「守る」ということばは「見張りが守る」という意味です。つまり聖霊による平安が私たちの心の見張りの働きをするのです。

のイエス・キリストの十字架を私たちにあかしし、私たちに自分たちの罪を悟らせてくださったのは聖霊なる神なのです。そして私たちをゆるし、受け入れてくださったのは父なる神なのです。私たちは自分で救いを求め、自分で信じ、そして自分で救われたかのように思っています。しかし、それが実はすべて三位の神の恵みによるのです。そして、そういうことがわかった時、ますます三位一体の神によって与えられる確信がしっかりしたものとなることを感じないわけにはいかないのです。

もしあなたがまだ救いの確信をもっていないならば、もう一度よく考えてみていただきたいと思います。そして、どんな時にもゆるぐことのない生涯の土台を、まことの神の上においてください。

▽ヨハネ15・26

「わたしが父のもとから遣わす助け主、すなわち、父から出る真理の御霊が来るとき、その方がわたしについて証ししてくださいます。」

▽ヨハネ16・8―11

▽ステップ4

ステップ10 満ちあふれる恵み

「ほころび」と「すくい」

私が教会学校*の幼い子どもたちに聖書の話をしていた時のことです。子どもにわかるようにと、ずいぶんことばに注意して話をしていたのですが、とうとうしかたなく「滅び」ということばを使ってしまいました。するとすぐに一人の男の子が手をあげて言いました。「先生、ほろびって何のこと？　洋服が破れること？」彼はほろびをほころびと混同していたのです。

しかし私たちおとなも、子どもたちのことをあまり笑えないかもしれません。すくいというと、すぐ金魚すくいか何かを連想するらしく、救いというのはただ苦し

*日曜学校

みや悲しみの中からすくいあげられることだと思っている人が多いのではないでしょうか。病気がなおる、貧乏でなくなる、家庭がおさまる、心が落ち着く、そんなことが救いだと考えているのではありませんか。もちろん、悩みから救われたいというのも私たちの願いです。しかし、本当の救い、イエス・キリストによる救いはただそれだけのものではないのです。このステップでは、その救いとはどんなものか、私たちが信じた時、どんな恵みをいただくことができるのか、それを学びたいと思います。

義と認められる――義認

私たちは、神の前には罪人《つみびと》であって、神のさばきを受けなければならない者であるということはすでに学びました。同時に私たちは、「神の恵みにより、キリスト・イエスによる贖《あがな》いを通して、価《あたい》なしに義と認められる」ことができること、そしてその恵みは信仰によって受けることができるということも学びました。この「義と認められる（義認）」ということばは法律用語で、次のような意味をもっています。

▽ステップ5
▽ローマ3・24
「神の恵みにより、キリスト・イエスによる贖《あがな》いを通して、価《あたい》なしに義と認められるからです。」

● 刑罰の免除

第一に、それは神からの刑罰を免《まぬか》れることです。

「キリスト・イエスにある者が罪に定められることは決してありません。」

（ローマ8・1）

こんな話があります。昔、ものすごい大嵐がやって来て、空はまっ暗になり、雷鳴はとどろき、ひょうは降るというありさまで、人々は神のさばきの日が来たと言って恐れました。その時、一人の少年は大声で「ハレルヤ*、ぼくは大丈夫だ」と叫びました。信じる者は、神の怒りを恐れる必要がないのです。

ただここでちょっと注意しておきたいことがあります。それは、イエスを信じた者はさばきを受けないと言っても、けっして、クリスチャンがどんな生活をしても、神は全く同じような取り扱いをなさるわけではありません。聖書には「私たちはみな、善であれ悪であれ、それぞれ肉体においてした行いに応じて報いを受けるために、キリストのさばきの座の前に現れなければならないのです」（Ⅱコリント5・10）と教えられています。イエスを信じたとしてもクリスチャンとして悪い行いをするならば、神が与えてくださる報い（報酬）からその取り分を取り除かれてしま

＊「神を賛美せよ」という意味の、歓喜や感謝を表すことば。

います。しかし、どんなことがあっても永遠の滅びという刑罰を受けることはないのです。

●恵みの回復

第二は、神の恵みを受けることができる者とされることです。

「あなたがたはみな、信仰により、キリスト・イエスにあって神の子どもです。」

（ガラテヤ3・26）

ただ刑務所から釈放されるというだけでなく、神の家族として受け入れられ、神の恵みを受けることができるのです。

●正しいとみなされる

第三は、全く正しい者と認められることです。

「キリストは、私たちにとって……義……になられました。」

（Ⅰコリント1・30）

無罪と認められるだけでなく、キリストのなされたすべてのよいこと、正しいことが私たちのものと認められ、神の律法を完全に守った者とみなされるというのです。自分の真実の姿を反省してみる時、これは信じられないほどの恵みだということがわかります。

新しく生まれる――新生

イエスはニコデモにこう言われました。

「あなたがたは新しく生まれなければならない、……」（ヨハネ3・7）

新しく生まれなければ神の国を見ることも、そこに入ることもできないと言われたのです。私たちも確かにそうだと感じます。生まれ変わって出直したい、そう思うことがどんなに多いことでしょう。ちょうど動物に生まれついたものが、どんなに調教されても、結局は動物で人間の仲間にはなれないように、私たちも神の子に生まれ変わらないならば神の国の民とはなれないのです。

●新しいいのち

しかし、神はこの新しいいのちを私たちに与えてくださるのです。

「わたし*は彼らに永遠のいのちを与えます。」（ヨハネ10・28）

そうです。この新しいいのちは、神から与えられる永遠のいのちなのです。

▽ヨハネ3・1―14

*イエス

● 新しい性質

そして、それは新しい性質、新しい心が与えられることでもあります。

「それは、その約束によってあなたがたが、欲望がもたらすこの世の腐敗を免れ、神のご性質にあずかる者となるためです。」

（Ⅱペテロ１・４）

神の性質にあずかる。なんという変化でしょうか。私はクリスチャンになったばかりの時、ある宣教師が私が信仰をもった時のことを「コリント後書５章17節の経験をなさった時」と表現されたのを忘れることができません。

● 新しい創造

「だれでもキリストのうちにあるなら、その人は新しく造られた者です。古いものは過ぎ去って、見よ、すべてが新しくなりました。」

（Ⅱコリント５・17）

そんなことは考えられないとお思いでしょうか。しかし聖書はこう言っています。

「神の御子《みこ》の名を信じているあなたがたに、これらのことを書いたのは、永遠のいのちを持っていることを、あなたがたに分からせるためです。」

（Ⅰヨハネ５・13）

▽エゼキエル11・19、20

文語訳では、コリント人への手紙第二をコリント後書と呼びます。

子とされる

さらにもう一つの恵みがあります。それは神の子としての身分を与えられるということです。

「それは、律法の下《もと》にある者を贖い出すためであり、私たちが子としての身分を受けるためでした。」

（ガラテヤ４・５）

この「子としての身分を受ける」、あるいは「子にしていただく」などと訳されていることばは、やはり法律用語で、直訳すれば「子としての地位につけられる」、つまり「養子縁組をする」ということです。

●新しい身分

義と認められるということは私たちが「新しい立場」を与えられることであり、新しく生まれるというのは「新しい本性」をいただくことですが、子とされるというのは「新しい身分」を与えられることなのです。そして子としての身分を与えられた者は、律法の下から贖いだされて、つまり律法の奴隷としていつもびくびくし

▽ローマ８・23

「御霊《みたま》の初穂をいただいている私たち自身も、子にしていただくこと、すなわち、私たちのからだが贖われることを待ち望みながら、心の中でうめいています。」

ていなくてもよい者とされるのです。

●新しい特権

しかも、御霊《みたま》が与えられて神を「アバ（アラム語〔ヘブル語〕でおとうちゃんという意味）」と呼ぶことができ、神による相続人となるのです。私たちは神が与えてくださったこのような特権を知っているでしょうか。大胆に神の前に出て、神の恵みを味わっているでしょうか。

●将来の幸い

子とされるという恵みは、キリストの再臨の時に完全に現されるのです。その時、私たちは主が与えてくださる栄光の富を全部「相続」できるのです。聖書はこう教えています。

「子どもであるなら、相続人でもあります。私たちはキリストと、栄光をともに受けるために苦難をともにしているのですから、神の相続人であり、キリストとともに共同相続人なのです。今の時の苦難は、やがて私たちに啓示される栄光に比べれば、取るに足りないと私は考えます。」

（ローマ8・17、18）

▽ステップ7

▽ガラテヤ4・6、7
「そして、あなたがたが子であるので、神は『アバ、父よ』と叫ぶ御子《みこ》の御霊を、私たちの心に遣わされました。ですから、あなたはもはや奴隷ではなく、子です。子であれば、神による相続人です。」

神の救いの恵みはこんなにすばらしいものです。今まで挙げてきた祝福の一つ一つを考えてみるならば、まさしく、「目が見たことのないもの、耳が聞いたことのないもの、人の心に思い浮かんだことがないものを、神は、神を愛する者たちに備えてくださった」（Ⅰコリント2・9）と叫ばずにはいられません。

キリストと一つになる

しかし、私は最後にもう一つのことを述べたいと思うのです。それは、神によって救われた者はキリストと一つになるということです。もちろん前に述べましたように、「キリストが私たちの義となってくださる」と言う時にも、私たちはキリストといわば法律的に一つになったわけです。ですが、ここで言う「一つになる」とは、それ以上のものです。キリストとの生きた結合のことなのです。

それはある宗教が教えるような感情的な神がかりといった体験ではありません。心と心が通い合うというだけのものでもなく、といって私たちが神の中にとけこんでしまって、自分がなくなってしまうというようなことでもないのです。それは、建物と土台、夫と妻、ぶどうの木とその枝、頭《かしら》とからだなどでたとえられているよ

▽Ⅰコリント1・30

▽エペソ2・20―22、5・31、32

▽ヨハネ15・5
「わたしはぶどうの木、あなたがたは枝です。人がわたしにとどまり、わたしもその人にとどまっているな

うな一致なのです。これは霊的な、そしていのちの一致です。完全な、そして決して分けることのできない一致です。

「もはや私が生きているのではなく、キリストが私のうちに生きておられるのです。今私が肉において生きているいのちは、私を愛し、私のためにご自分を与えてくださった、神の御子に対する信仰によるのです。」（ガラテヤ2・20）

「だれが、私たちをキリストの愛から引き離すのですか。」（ローマ8・35）

「しかし、これらすべてにおいても、私たちを愛してくださった方によって、私たちは圧倒的な勝利者です。」（ローマ8・37）

驚くべき祝福

なんというすばらしい恵みでしょう。神の救いは本当に驚くべき祝福です。しかし、この賜物《たまもの》はただ信じる者だけに与えられているのです。もし神を信じないならば、あなたはこれらすべてのものを得ることはできないのです。イエスはご自身の自由な意志で十字架におかかりになりました。そして、あなたが、自分の意志でこれを受けとるように、信じるようにと望んでおられるのです。受けるのも受けない

ら、その人は多くの実を結びます。わたしを離れては、あなたがたは何もすることができないのです。」

▽Iコリント6・15

▽ヨハネ10・18

のも、あなたの心ひとつです。しかし、覚えていてください。あなたが信じ受けとらないならば失うことになる恵みが、どのくらいすばらしいものであるかを。また前にも引用したことのある警告を思い出してください。

「あなたは、頑《かたく》なで悔い改める心がないために、神の正しいさばきが現れる御《み》怒《いか》りの日の怒りを、自分のために蓄えています。」

（ローマ2・5）

あなたは信じようと思いますか。

ステップ
11

きよい生涯

クリスチャンなら……

あるクリスチャンの実業家が苦笑しながら、こんなことを話してくれました。

「私が商売を始めた時、自分がクリスチャンだということを取り引きの相手全部に知ってもらいました。すると、あいつはクリスチャンだから信用できるというので仕事はとてもうまくいきました。ところがしばらくすると、それではとても商売にならないような無理なことを頼んでくるのです。私が仕方なく断ると、おまえはそれでもクリスチャンか、愛がないのか、とこう言うのです。少々困りました。」

確かに世の中では一般的に、「クリスチャンは悪いことはしない、クリスチャンは愛情深い」と見られやすいようです。そしてキリスト教は道徳的な宗教だと言います。それは、「キリスト教というのは、よいことをしなさい、正しく生きなさい、人を愛しなさいという教えなのだ」と、そう思っているからです。ところがこれは大きな誤解です。神は確かに愛しなさいと命じられます。しかし私たちは、神がお命じになるように愛することはとうていできないのです。ですから、神はそういう私たち罪人《つみびと》のために御子《みこ》イエスを十字架につけてくださって、私たちの罪をゆるし、私たちを救ってくださったのです。これが福音です。よい行いによるのではなくて、ただ恵みのゆえに、信仰によって救われるのです。ステップ10でも私たちは、一方的に神から与えられる救いの恵みの数々を学んだわけです。

ここで前に述べたのと全く反対の誤解が起こってきます。それは、よい行いによって救われるのでないのだから、よい行いなどする必要は全くないという考えです。もちろんこれもまちがいです。

「恵みが増し加わるために、私たちは罪にとどまるべきでしょうか。決してそんなことはありません。罪に対して死んだ私たちが、どうしてなおも罪のうちに生きていられるでしょうか。」

（ローマ6・1、2）

下段に引用したエペソ人への手紙の聖句も、次のように続いています。「私たち

▽エペソ2・8、9

「この恵みのゆえに、あなたがたは信仰によって救われたのです。それはあなたがたから出たことではなく、神の賜物《たまもの》です。行いによるのではありません。だれも誇ることのないためです。」

は神の作品であって、良い行いをするためにキリスト・イエスにあって造られたのです。神は、私たちが良い行いに歩むように、その良い行いをあらかじめ備えてくださいました」（エペソ２・10）。

私たちは救われるためによい行いをするのではありません。いいえ、しようと思っても救われるに値するほどのよい行いはできないでしょう。しかし、救われたからよい行いをするのです。神に対する感謝の表れとして、神が求めておられるから、信仰の当然の結果として、そして神の栄光を表すために、よい行いは私たちにとってどうしても必要なのです。聖書はこう教えています。

「神のみこころは、あなたがたが聖なる者となることです。」（Ｉテサロニケ４・３）

聖なる者となる、とは……

それではこの「聖なる者となる（きよくなる）」とはどういうことなのでしょうか。実はこのことばは、ただよい行いをする、よい人になるといった意味ではないのです。もともとは「分ける」「切り離す」といった意味のことばです。それで「聖別《せいべつ》」と訳されることもあります。そしてこのことばは、神があらゆる汚《けが》れや不

▽Ｉコリント6・20
「あなたがたは、代価を払って買い取られたのです。ですから、自分のからだをもって神の栄光を現しなさい。」
▽ローマ7・4
ヤコブ2・14－26
Ｉコリント10・31

完全さから「切り離されている」ことを指して用いられます。つまり神は聖なるお方だというのです。そして、このことばが人間について使われる時には、第一にこの世から離れて神のものとなること、第二に神のきよさが人にうつされること、さらに第三には罪から離れること、最後にキリストのかたちに似た者となることを意味するのです。

聖化——神のみわざ

きよくなる（聖化）ということがこのような意味をもっているとすると、これはとうてい私たちの力でなしとげられるものではないと気がつきます。確かにそうなのです。私たちが「きよくなる」のも、神の恵みのみわざなのです。聖書のことばを調べてみましょう。

「平和の神ご自身が、あなたがたを完全に聖なるものとしてくださいますように。……あなたがたを召された方は真実ですから、そのようにしてくださいます。」
（Ⅰテサロニケ5・23、24）

「このみこころにしたがって、イエス・キリストのからだが、ただ一度だけ献《ささ》げられた

▽ヨハネ17・19
「わたしは彼らのため、わたし自身を聖別《せいべつ》します。彼ら自身も真理によって聖別されるためです。」
▽Ⅰコリント1・1、2、30
Ⅱコリント7・1、3・18

ことにより、私たちは聖なるものとされています。」
（ヘブル10・10）

「父なる神の予知のままに、御霊《みたま》による聖別によって、イエス・キリストに従うように、またその血の注ぎかけを受けるように選ばれた人たちへ。」
（Ｉペテロ１・２）

ここで気がつくのは、私たちをきよめてくださるのは三位《さんみ》の神だということです。このように、私たちが救われるためにも、確信が与えられるためにも、きよくなるためにも、日々の信仰生活を続けていくためにも、三位の神の助けが必要なのです。前にも言いましたように、三位一体という教理は完全には理解できないかもしれませんが、しかし信仰をもって受け入れなければならないものなのです。

聖霊――もう一人の助け主

ところで私たちをきよめてくださるのは三位の神だと言いましたが、しかしある意味で、日々の信仰生活において私たちに最も密接な関係をもっておられるのは聖霊ですので、ちょっと横道にそれるようですが、ここで聖霊について考えてみたいと思います。

イエスは十字架につかれる前に、悲しんでいる弟子たちに、「わたしは真実を言

▽ステップ４・９
すぐ後で学ぶように、私たちが祈る時にも三位の神が働いてくださるのです。

います。わたしが去って行くことは、あなたがたの益になるのです。去って行かなければ、あなたがたのところに助け主はおいでになりません。でも、行けば、わたしはあなたがたのところに助け主を遣わします」（ヨハネ16・7）と語られました。

この助け主ということばは聖霊を指していますが、また同じことばがイエスについても用いられています。このことも聖霊がイエス・キリストと同じく神であられることの証拠の一つです。しかし、ここで注意すべきことは、キリストはご自分がこの世に残っておられるよりも、聖霊がおいでになったほうが私たちにとってよいと言われたことです。それはなぜでしょうか。

それは、聖霊がどこにでもいて、私たちの心に働きかけてくださる神だからです。

聖霊の働き

聖霊は、私たちの心に働きかけて私たちの罪を知らせ、キリストをあかしし、キリストを信じると告白するまで導き、新しく生まれさせるのです。しかし、それだけではありません。聖霊はクリスチャンの中に住んでくださるのです。

「あなたがたは知らないのですか。あなたがたのからだは、あなたがたのうちにおられ

▽Iヨハネ2・1（口語訳）
▽詩篇139・7
「私はどこへ行けるでしょう。あなたの御霊《みたま》から離れて。どこへ逃れられるでしょう。あなたの御前《みまえ》を離れて。」
▽ヨハネ16・8―11、15・26
▽Iコリント12・3

る、神から受けた聖霊の宮であり、あなたがたはもはや自分自身のものではありません。」

（Ⅰコリント6・19）

このすばらしい事実を聖霊の内住といいます。神はもう私たちから遠く離れたお方ではありません。私たちのうちに住み、私たちのうちに働いてくださる神なのです。

この聖霊なる神は、ステップ1で学んだように聖書記者たちを動かして、神のことばを書き記させたお方ですから、私たちの心の目を開いて、その聖書のことばの意味をわからせてくださるのです。私たちが聖書を学ぶことができるのも、実はこのお方が私たちのうちで助けていてくださるからです。私たちはよいことをしたいと思いますが、その気を起こさせてくださるのも、努力をさせてくださるのも聖霊のお働きですし、そしてそのよいことを成し遂げさせてくださるのもこのお方の恵みなのです。私たちが祈る時、父なる神に向かって、子なる神の名によって祈るわけですが、祈ることもわからない私たちを助けて祈らせ、とりなしてくださるのはこの聖霊なる神です。また私たちは汚れに染まった弱い性質をもっていますが（聖書では肉ということばで表される）、そこから私たちを解放し、その性質が現れるのを押さえつけてくださり、勝つことができるようにしてくださるのも聖霊なる神

▽ヨハネ3・5

▽Ⅱペテロ1・3
エペソ1・18

▽ピリピ2・13、1・6

▽ヨハネ15・16
エペソ6・18

なのです。しかもただそれだけでなく、私たちがこのお方に導かれていくならば、愛・喜び・平安・寛容・親切・善意・誠実・柔和・自制というすばらしい御霊の実を結ばせてくださるのです。こう考えてくると、私たちの信仰生活のあらゆる面において、聖霊は私たちを助けてくださるということがわかります。まさに聖霊は、聖なる霊であるばかりでなく、私たちを聖なる者としてくださる御霊であるといえます。私たちが信仰生活において、いくらがんばってみても失敗ばかりする、つまずいてばかりいるというのは、この聖霊の導きに従わず、このお方の恵み深い御手《みて》にすべてをお任せしないからではないでしょうか。

▽ローマ8・2
ガラテヤ5・17
ローマ8・13
▽ガラテヤ5・18、22、23

義認と聖化

さて、ここでまた本題にもどって、きよくなるためにどうしたらよいか考えてみましょう。きよくなること——聖化が神のみわざであるということはすでに学びました。しかし同じ神のみわざである義認や新生などとの関係でいくつかの点に注意を払う必要があります。

●神によって育てられる

まず第一は、聖化は新生において与えられたいのちをただ人間の努力だけで成長させていくというようなものではなく、新しく与えられたいのちが神によって強められ、育てられていかなくてはならないということです。

●成長への努力

第二は、第一と矛盾するように聞こえるかもしれませんが、義認は全く神のみわざであって人間の努力は何の助けにもならないのですが、聖化の場合はそうではないということです。神は私たちにきよくなるように努めよと言われ、救いを達成せよと求められるのです。

●時間をかけて

そして第三に、聖化は義認のようにただ一度信じたその時に完全に与えられてしまう恵みでなくて、時間をかけて与えられていく恵みだということです。

▽Iコリント3・6

▽ヘブル12・14
「すべての人との平和を追い求め、また、聖《きよ》さを追い求めなさい。」
▽ピリピ3・13

段階的成熟　これらのことについては次のステップでもっと具体的に考えていきましょう。

聖化の過程

いったいどういうふうにしてきよくなっていくのでしょうか。

まず第一に、私たちが信じたその時に「きよめられ」ます。すなわちキリストのきよさが私たちの上にうつされるのです。ですからどんなに弱い信者でも聖徒と呼ばれるのです。

次に私たちは実際にきよくなります。そのために私たちは、私たちをきよくしてくださる神に自分自身をささげ、明け渡さなくてはなりません。そして先に教えられたような聖霊のお働きにおゆだねしなければならないのです。そしてそうする時、初めてキリストと似た者となっていくのです（このことについてはさらにくわしく次のステップで学びましょう）。

そして最後に主の前に立つ時、主の御姿《みすがた》に完全に似た者となるのです。これは私たちにとってなんという望みでしょうか。

▽Iコリント1・2、30

▽ローマ6・13、12・1

▽Iヨハネ3・2、3

私たちが主に似た栄光のからだになることを「栄化される」といいます。

ステップ12

進み続ける日々

育っていくために

ステップ11で私たちは、義認の恵みを受けるために人間には何もできないけれど（ステップ8に出てきたあるクリスチャンのことばを借りれば「救われないように努力する」ことはできますが）、聖化の恵みのためには人間にもできることがあると学びました。これはちょうど赤ちゃんの成長に似ていると思います。赤ちゃんは生まれ出るために自分では何もしませんが、いったん生まれると、その時から自分で息をしたり、ミルクを飲んだりします。そうしなければ成長できないでしょう。

しかし、ミルクを飲むということは、赤ちゃんが成長するためにいちばん大切な条件ではないのです。それはミルク飲み人形がいつまでたっても成長しないことからもわかるでしょう。最も重要なのは、いのちが与えられていること、そしてそのいのちの力が働き続けているということです。聖化についても同じことがいえます。最も大切なのは神のなしてくださるみわざです。それがなければ人間が何をしてもむだです。このことは絶対に忘れないでください。私たちをきよくしてくださるのは神なのです。しかし、赤ちゃんを育てる時、私たちはミルクのことや、おむつのことばかり考えます。なぜでしょうか。それは私たちにできることがそういったことだからです。いのちを与えることは私たちにはできないのです。実はここに私たちがきよくなるために何をしたらよいか熱心に考える意味があるのです。私たちにはそれしかできないのです。しかし、できることをやっていさえすれば、後のすべては、私たちにいのちを豊かに与えてくださる神がしてくださるのです。

ミルクを飲む——聖書

それならクリスチャンとして私たちが育っていくために——きよくなるためにどういうことをしたらよいのでしょうか。第一にミルクを飲むことです。

▽ヨハネ10・10
「わたしが来たのは、羊たちがいのちを得るため、それも豊かに得るためです。」

「生まれたばかりの乳飲み子のように、純粋な、霊の乳を慕い求めなさい。」

（Ⅰペテロ２・２）

「純粋な、霊の乳」とは、「偽りのない、みことばの乳」とも訳せることばです。クリスチャンのミルク――それは一つにはみことば、すなわち聖書です。クリスチャンは聖書を慕い求めなくてはなりません。聖書を毎日読むことです。

ある刑務所の看守長がこんなことを話してくれました。「私は四日に一度、宿直があります。その時は時間がたくさんあるので聖書の読みだめをしました。四日分をひと晩で読みました。ところがだめですね。信仰の消化不良を起こしてしまいました。」

聖書日課のテキストなどを用いて、規則的に聖書を読む習慣をつけるとよいと思います。

わからないところがあっても、がっかりしてあきらめたりしないことです。魚を食べるのになにもむりをして骨までがりがりかじる必要はありません。骨はお皿の隅に出しておけばよいのです。わからないことがあったら、そこにしるしでもつけておいて後で牧師か先輩のクリスチャンに尋ねてみたらよいでしょう。もっとよいのは神に聞くことです。つまり聖書を聖書によって解釈するのです。このわからな

『聖書　新改訳２０１７』
欄外注参照

い聖句が、あの聖句によって説明されている、そういうことがよくあるのです。そういうふうに聖書を読むために、引照付きの聖書はぜひほしいものです。それに、できれば聖書語句辞典（コンコルダンス）があればなお結構でしょう。引照付きの聖書というのは、その聖句と同じような主題を扱っている聖句や、同じことばが用いられている聖句の箇所を挙げてある聖書です。また聖書語句辞典というのは同じことばが用いられている聖句をならべたものです。こういうものを用いて聖書を読むことによって、「聖書を聖書によって読む」ことがたやすくできるわけです。

こういう聖書研究はたいへん楽しくて、始めたらやめられないくらいです。しかし聖書を読む時いちばん大切なのは、敬虔《けいけん》な、すなおな心です。「神よ、私に教えてください、導いてください、みこころを知らせてください、私はあなたに従っていきたいのです。」そういう祈りをこめて読むことです。その時あなたは本当に聖書を理解することができ、またそれが神のことばであるとわかるでしょう。そうです、聖書はあなたに語られた——また語られている神のことばなのです。そのことを忘れないで、祈る心で聖書を読んでください。

▽詩篇119・18、33、105、130
▽ヨハネ7・17

息をすること——祈り

赤ちゃんは息をします。クリスチャンの呼吸は何かというと、祈りです。

「絶えず祈りなさい。」（Ⅰテサロニケ5・17）

いつでも、眠っている間も息をしているように、私たちは絶えず祈らなくてはなりません。もちろんこの祈りは、ただ同じことばをくりかえしたり、仰々《ぎょうぎょう》しく儀式ばって行ったりするものではありません。眠っている間はさておくとして、いつでも心を神に向け、神を仰ぐ、そういう祈り心をもち続けるのです。

そして、そういう祈りの心は、口から出る祈りのことばともなるはずです。朝起きた時、夜寝る時、そして三度の食事の前、一日にこの五回は少なくとも祈る習慣をつけましょう。そうするならば、どんな時でも祈ることができるようになるでしょう。

祈りは神との交わりです。何も特別な名文句をならべる必要はありません。あたりまえの会話のように祈ればいいのです（教会で礼拝の時の牧師や役員の祈りは公《こう》祷《じゅ》といって、少々儀式的なものです。個人的な祈りはもっと自由でよいのです）。

▽マタイ6・5、7

「主の祈り」が私たちの祈りの模範です。この祈りをただ口でとなえるだけでなく、よくよく味わってみてください。祈りというものがどういうものかわかると思います。

祈りの内容としては五つの区別があるとよくいわれます。賛美（神の御名《みな》をたたえる）・感謝（神の恵みを感謝する）・告白（罪を言いあらわす）・願い（自分のために祈る）・とりなし（人のために祈る）の五つです。私たちの祈りに欠けたところはないでしょうか。

祈りは神との交わりだということも忘れないようにしましょう。自分の言いたいことだけ言って、さっさと帰ってきてしまうような祈りでなく、神に語りかけていただくような静かな時をもつべきです。祈ることと聖書を読むことを組み合わせて、神の前に静まる時（静思《せいし》の時）をもつことはたいへんよいことです。祈りは祈ることによって進歩するものだということをどうぞ覚えていてください。そしてまず祈りはじめることが大切です。

▽マタイ6・9—13

愛する者とともに――教会

様々な理由で親から離されてしまった赤ちゃんは、心身ともに発達に支障が出ると言われます。そのような赤ちゃんがすべてそうなるというわけではないでしょうが、いつでも守ってくれる母親がそばにいるのは大切なことです。赤ちゃんはひとりぼっちでは、安定した心身の状態を持ちにくいのです。クリスチャンも同じです。

「ある人たちの習慣に倣って自分たちの集まりをやめたりせず、むしろ励まし合いましょう。その日が近づいていることが分かっているのですから、ますます励もうではありませんか。」（ヘブル10・25）

しかしそうは言っても、初めて教会に行く場合、かなりの不安や抵抗を感じるものです。でも「案ずるより生むが易《やす》し」です。ある人は教会へ行って「なんだ、みな私と同じような人じゃないか」と安心したと言いますが、そんなものです。気軽に出席してください。何かわからないことがあれば教会の人が教えてくれます。見よう見まねでやっていれば何でもありません。

教会に出席したいがどんな教会に行けばいいのだろう、いろいろ教派もあるらしいし、と言う方々が多くいます。教派、教団というのは確かにいろいろあります。聖書のことばを正しく説教し、また礼典（洗礼と聖餐《せいさん》）を正しく行っている教会に出席するようにしてください。そういう教会であれば教派は何であれ、この講座で学んできたことと同じ教えを教えているはずです。そして教会には毎週必ず出席するようにしてください。一週間は月曜日から始まると思っている人がいるようですが、そうではありません。日曜日から始まるのです。始めの日にまず神を礼拝して一週間の歩みを踏み出す、これが私たちの生活の大きな力となるのです。

まねること――従う

赤ちゃんはいつまでも赤ちゃんではありません。実にものすごい速さでいろいろなことを覚えていきます。ある人は、もし人間が最初の一年くらいのスピードで知恵を増やしていったら、それこそ超天才になってしまうと言っています。このものすごい発達の秘密は、まねることです。クリスチャンもまねなくてはいけません。しかし、人まねをするのではありません。キリストのまねをするのです。つまり、神に従うのです。イエスはこう言われました。

こういうことは、教会の歴史を学んでみればよくわかると思います。

洗礼、聖餐《せいさん》とは、イエスがお定めになった二つの礼典（儀式）です。

近くの教会をご存じない方には、よい教会を紹介いたします。ぜひお問い合わせください。

「わたしに向かって『主よ、主よ』と言う者がみな天の御国《みくに》に入るのではなく、天におられるわたしの父のみこころを行う者が入るのです。」

（マタイ7・21）

南米のある先住民族のことばでは、信じるということばと従うということばは同じです。確かに信じるなら従うはずです。信仰は服従となって表れるはずです。神のことばである聖書に従う時、クリスチャンは成長するのです。

私は、友人の聖書にサインされた短いことばを忘れることができません。それはSAY YES TO THE LORD！（主に「はい」と言いなさい）ということばでした。主に向かって、いつも「はい」と言っている時、確かに私たちはきよい者となっていくのです。

運動――あかし

また、赤ちゃんはよく運動します。クリスチャンも運動しなくてはなりません。クリスチャンの運動は主をあかしすることです。伝道することです。伝道することなど私にはできない、そう思われる方がおられるかもしれません。しかし、伝道の第一歩は、まず自分が救われたこと、クリスチャンであることをかくさずに人に言うことです。それがりっぱなあかしです。

「あなたがたは行って、あらゆる国の人々を弟子としなさい。」（マタイ28・19）

イエスはこう命じられたあとで、この約束を与えてくださいました。

「見よ。わたしは世の終わりまで、いつもあなたがたとともにいます。」（マタイ28・20）

主の恵みがあなたがたとともにありますように。

グループ・個人指導

学びのリーダーの心得

このテキストは本来、トラクト伝道・放送伝道によって、聖書の学びに関心をもった方々といっしょに聖書を学んでいく助けとなるようにと書かれたものです。ですから、一度もお会いしたことのない方とも心の交流ができ、共に聖書を読み交わすことができるように、ちょっとした工夫がされているのです。

たとえば、ステップ11の第一問の最後の問いの答えに○をつけても、×をつけても、どちらも正解としていただきたいと思います。これは、回答者がどのような方なのかを知り、どのようにお導きするのかを見いだすための問題だからです。

つまり、信仰生活を送っていく過程で、自分の責任に大きな関心をおもちになる方か、あるいは神の恵みにより多く寄り頼むことをなさる方かを見分けるためなのです。もちろん、神の恵みによってのみ、救われるということは強調されていますが、信仰生活には個人的な毎日の祈り、聖書の通読、きよさへの渇望なども必要です。この点でのバランスが、神学的、また個人的、信仰人生の方向を決めます。それを心得て対処できるかどうか、これが大事なところです。ですから、両方とも正解にすることで、相手を受け入れながら、相手の答えを認めながら、また違った見方もあるということを示してさしあげるのです。

私自身の経験ですが、信仰をもったばかりのころに通信講座を受けた時、『信仰の偉人伝といわれる聖書の箇所はどこでしょうか』という問題がありました。私は『ヘブル12章』と書いてしまい、全解答のなかでこれだけが減点されました。そのことを今でも不満というより怒りに近い悲しみをもって覚えています。その講座の著者はそれが何章であるかをより重視していたのです。ヘブル11章を心に刻み込ませたかったのでしょう。もちろん私はヘブル書11章に信仰によって生きることの意味を教えられ、心躍らせながら読んでいたのです。それだけに痛みと傷が残りました。ですから、正解として点数をあげることにも意味はあります。このテキストにおいて、出題される問題はチェックと呼ばれています。相手の性格のチェックは、○×ではなく、個性として受容されるべきものです。

最近この講座が洗礼準備のテキストとして使用されるケースが増えています。これらの心得は個人的指導に当たっても役立つことでしょう。

二〇〇四年　二月

羽鳥　純二

著者紹介

羽鳥《はとり》　純二《じゅんじ》

1926年群馬県に生まれる。
東京大学、中央日本聖書学塾で学び、
単立朝顔教会牧師、
名古屋／自由ヶ丘キリスト教会名誉牧師を歴任。
2012年4月20日 召天。

＊本書は『勝利ある人生めざして』を
改題改訂して発行したものです。

自分らしく学べる聖書講座
初めて聖書を開く人のための12のステップ

著者	羽鳥 純二
発行	いのちのことば社 全国家庭文書伝道協会 (EHC) 〒164-0001 東京都中野区中野2-1-5 TEL.03-5341-6930 FAX.03-5341-6912 E-mail ehc@wlpm.or.jp http://www.wlpm.or.jp/ehc/
カバー／イラスト	田崎 祐喜子

1970年 7月 1日	初版発行	聖書 新改訳2017©2017 新日本聖書刊行会
1992年12月 1日	17刷	
1993年10月 1日	改訂版発行	乱丁落丁本はお取り替えします
2000年 4月20日	5刷	© 全国家庭文書伝道協会 2004
2004年 4月 1日	改題新装改訂発行	Printed in Japan
2017年 5月 1日	11刷	ISBN978-4-264-04130-6
2019年 9月20日	改訂3版発行	
2022年 7月 1日	再刷	

『聖書 新改訳 2017』対応

初めて聖書を開く人のための

12のステップ

自分らしく学べる
聖書講座

スタディ・チェック

解答用紙

解答用紙は、ホチキスを外すことで、それぞれのステップごとに取り外して使用できます。(「はじめに」の用紙は最後のページにあります。)

まず、テキストを読み、全体的にわかったところで、このスタディチェックに挑戦しましょう。

答えがわからなかったところは、テキストを読み返してみましょう。

ひとりで自習することもできますが、通信講座で添削を受けることもできます。

通信添削では疑問や意見を表すことができるので、より深く実りの多い学びになります。
詳しくは、次のページをご覧ください。

添削をご希望の方に

通信添削コースの手順

①テキストを読んで、
スタディ・チェックに
チャレンジ！

※背のホチキスを
はずしてお使いください。

②解答用紙を当社に返送

③ベテラン教師に
よる添削

④添削した解答用紙が
お客様に届く

解答用紙は３ステップごとを目安にお送りください。

（お客さまのお名前、ご住所、性別、年齢、お電話番号を明記してください。
なお、他の目的のために個人情報を使用することは一切ございません。）

その度ごとに、添削した解答用紙をお返しいたします。

通信添削をご希望の方は、
下記までお問い合わせ・お申し込みください。

お問い合わせ

〒 164-0001　東京都中野区中野２丁目１番５号
全国家庭文書伝道協会（EHC）　聖書通信講座　係
TEL.03-5341-6930　FAX.03-5341-6912
E-mail ehc@wlpm.or.jp　http://www.wlpm.or.jp/ehc/

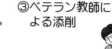

ステップ 1

聖書―神のことば

スタディ・チェック

1 **聖書について述べている次の文のうち、正しいと思うものに○印、まちがいと思われるものに×印をつけてください。**

□ どの時代、どこの国でも、聖書は大切に守られてきたので、今まで伝えられてきた。

□ 聖書は、旧約聖書と新約聖書に分かれている。

□ 聖書の原文は英語である。

□ 聖書は多くの人によって長い年月をかけて書かれた66巻の書物から成り立っている。

□ 聖書の中の一つ一つの書物の間には、いろいろな矛盾や食い違いがある。

□ 聖書は人間が書いたもので、神のことばではない。

□ 聖書には驚くべき影響力がある。

□ 聖書の預言は、全くのでたらめである。

□ 聖書は、歴史的なまちがいでいっぱいである。

□ 聖書がなくても、神のことはわかる。

2 **聖書が神のことばであるということについて、正しい考えはどれでしょうか。正しいと思うものに○印、まちがいと思われるものに×印をつけてください。**

□ 聖書は人間が書いたものではなく、神が人にふしぎな方法で与えてくださった書物なので、神のことばといわれている。

□ 聖書は、神が人間を教え、導いて、神のお考えをまちがいなく書くことができるようにされたので、人間が書いたものであっても、神のことばである。

□ 聖書は人間が書いたもので、まちがいがたくさんあり、もう時代遅れになってしまった書物だが、それでも祈りながら読むと神のことがわかるようになるので、神のことばだといわれている。

□ 聖書が神のことばだという第一の証拠は、聖書にそう書かれているということである。

□ 聖書が神のことばであってもなくても、そんなことは、たいしたことではない。

3 **次のａ、ｂの文の中からそれぞれ正しいと思うものを（①、②、③のうち）１つ選び○で囲んでください。**

ａ）旧約聖書と新約聖書というのは――

① それぞれ旧教（カトリック教会）と新教（プロテスタント教会）の聖典である。

② イエスがお生まれになる前と、お生まれになった後に、それぞれ神が与えられた救いの約束の記録である。

③ 一方は古くなってもう何の意味もなくなってしまった書物だが、一方は現代も生きている新しい書物である。

ｂ）信仰というものは――

① 信じることが大切なので、何を信じても同じことである。

② 信じていることは違っているように見えても、結局は同じところに行きつく。

③ 何を信じるかが大切であるから、信じるべき真理をはっきりと知らなくてはならない。

ステップ 2

まことの神

スタディ・チェック

1 神の存在について述べている次の文のうち正しいものに○印、まちがいと思われるものに×印をつけてください。

□ 科学が進歩して、神などないということがはっきりしたので、科学者はだれも神の存在など信じていない。

□ 神は自分の力だけでは生きていけない弱い人間が考え出したものであるから、文化が発達し、技術の進歩した現代では、もう信じる必要はない。

□ すべての民族が宗教をもっているということは、神が存在する証拠の一つと考えられる。

□ カントは「天の星を見、自分の心を反省してみると、神の存在を疑えない」ということを言った。

□ カルヴァンの考えによれば、人民をだまし、押さえつけるために宗教を悪用した人がいることさえ、神が存在する証拠である。

2 神がどういうお方であるかについて正しい考えはどれでしょうか。正しいと思うものに○印、まちがいと思われるものに × 印をつけてください。

□ 自然そのものが神であって、神が天と地をつくられたのではない。

□ 神は八百万《やおよろず》の神というようにたくさんある。

□ 生きていてさえ無力な人間が、死ねば神になるということは考えられない。

- □ どんな生活をしていても、おさい銭をあげたり、おまいりをしたりしていれば、神からのご利益《りやく》がある。
- □ 神はたたったり、ばちを当てたりばかりする恐ろしい方である。
- □ 神には人間のかくれた考えもわかる。
- □ 木や石でつくった偶像は神ではない。
- □ 神にはできないことはない。
- □ 神は教会の中にだけおられる。
- □ 神は私たちにいのちを与えられた。

3 **テキストに引用されている聖句から、次のことを教えていることばをそれぞれ書き出してください。**

a） 神は霊である。

b） 神は全知である。

c） 神はただひとりの神である。

d） 神はきよい、愛の神である。

e） 神は世を愛しておられる。

ステップ 3

つくられた人間

スタディ・チェック

1 **次の文のうち正しいと思うものに○印、まちがいと思われるものに×印をつけてください。**

□ 人間が神をつくった（考え出した）のであって、神が人間をつくったのではない。

□ 進化がどのようにして起こったかはいろいろな説があり、まだはっきりわかっていない。

□ 人間は神のかたちにつくられたのだから、神も人間のように２本の手、２本の足を持っておられると考えてよい。

□ 人間は神のかたちにつくられたのだから、万物の霊長として、自然を治め、また神と親しく交わることができるはずであった。

□ 人間は自分でいろいろなことを決断することができる。だから責任もある。

□ 神のために生きるということは、神の奴隷になるということで、幸福なことではない。

2 **次の文の□に、適当と思う字を入れてください。（□に１字ずつ）**

a） 人間は動物と違って、□□と□□□をもっている。

b）「人格」というのは□□□をもつ、すなわち自分と他人とをはっきり別々に意識することができ、□□□□、つまり自分の意志で決断することができるものである。

c）最初の人間□□□が罪を犯したということは□□□３章に書かれているが、これは決してただの物語ではない。もしただの神話だとしたら、人間がなぜ苦しまなければならないか、その理由がわからなくなってしまう。

d）アダムの罪は、神の□を疑い、神の□□□を信じず、自分で□のようになって□□□□に生きようとしたことであった。

e）アダムは人間すべての□□であるから、いわば□□□の代表として罪を犯したのである。

3 次のａ、ｂの文の中からそれぞれ正しいと思うものを（①、②、③のうち）１つ選び○で囲んでください。

a）この世の中がこんなに苦しく、不公平なのは――

① 意地悪な神がこの世をつくられたから。

② 神が人間に自由意思という特権を与えてくださったのに、それを悪用して罪を犯してしまったから。

③ 神が人間に自由意思など与えないで、動物のように本能のままに生きるものにつくればよかったのに、そうしなかったのだから、神の責任である。

b）神は人間に、罪を犯したら――

① どんな結果になるかはっきり教えた。

② どんな結果になるか教えなかった。

③ 別に何も起こらないと言った。

ステップ
4

神からの救い主

スタディ・チェック

1 次の文のうち正しいと思うものに○印、まちがいと思われるものに×印をつけてください。

□ 神から離れてしまった人間には本当の幸福はない。この世に多くの宗教があるのは、神のもとへ立ち返ろうとする人間の努力の現れであろう。

□ 生まれるとすぐ父と離れてしまった子どもが、父についていろいろ想像しているうちに、父親についてだんだんわかってくるように、人間はただ自分で考えるだけで神のことがわかる。

□ 聖書は、私たちにあてた神からの手紙といえる。

□ 旧約聖書には救い主イエス・キリストについてのたくさんの預言が書かれている。

□ イエス・キリストが処女から生まれるということは、新約聖書だけに書かれている。

2 旧約聖書に書かれているイエス・キリストに関する預言を3つ挙げてください。

a）

b）

c）

3 テキスト 55 ～ 57 ページの「神が人となるふしぎ」を読んで、イエス・キリストについてふしぎだと思えることを３つ書き出してください。

a）

b）

c）

ステップ 5

死にいたる病

スタディ・チェック

1 **次の文のうち正しいと思うものに○印、まちがいと思われるものに×印をつけてください。**

☐ 私たちが、この世で苦しまなければならないのは、前世の因縁《いんねん》や、親の因果《いんが》などのためであるから、この因縁や因果を断ち切らなくてはならない。

☐ 悪いことをしつづけていると、その悪いことのとりこになってしまってやめられなくなる。これも罪の報いの一つである。

☐ 死んだ後のさばきとか地獄とかいうのは昔の迷信で、本当のことではない。

☐ 人間一度は必ず死ななければならないが、それと同じように死んだ後にさばきを受けることも確かであると聖書は教えている。

☐ クリソストムが死ぬことよりも罪を犯すことを恐れたのは、神から離れることが最大の不幸だからである。

2 **テキストに引用されている聖書のことばのうちから、それぞれ次のことを教えていると思われるものを書き出してください。**

a） 罪の定義

b） 殺人について（聖句２つ）

①

②

c） 姦淫《かんいん》について（聖句２つ）

①

②

d） 行わない罪

e） 最も大切な２つの戒《いまし》め

①

②

ステップ
6

あの預言者

スタディ・チェック

1 **次の文のうち正しいと思うものに○印、まちがいと思われるものに×印をつけてください。**

□ キリストが神であり、また人であるというのは不思議なことだが、私たちが救われるためには神であると同時に人でもある救い主が必要であるならば、キリストこそただひとりの救い主ということになる。

□ キリストは油注ぎを受けた者として、預言者・大祭司・王の三つの務めをもっておられる。

□ イエスはいろいろと神について教えたが、その行いは欠点だらけで、やはり人間だということがわかった。

□ イエスは、神についていろいろと考え、その自分の考えを人々に語られた。

□ 人間は、霊なる神を自分の力で完全に知ることはできないので、神の子イエスが人間となって神のことを知らせてくださった。

2 **次のａ、ｂの文の中からそれぞれ正しいと思うものを（①、②、③のうち）１つ選び○で囲んでください。**

ａ）人間が神について知るために——

① いちばん大切なものは理性である。よく頭を使って考えなければならない。

② いちばん大切なものは宗教的な感情である。それによって神を感じるのである。

③ どうしても神が人間に知らせてくださらなければならない。人間は自分の力で神を知ろうとしても、完全に知ることはできない。だから神の子イエスが人となられて、神のことを明らかに知らせてくださらなければならなかったのである。

ｂ）キリストというのは——

① 油注ぎを受けた者という意味で、神から任命された救い主のことである。

② イエスの姓である。

③ キリスト教の教祖ということである。

3 **次の文の□に、適当と思う字を入れてください。（□に１字ずつ）**

ａ） わたしは彼らの□□のうちから、彼らのためにあなたのような一人の□□□を起こして、彼の口にわたしのことばを授ける。

ｂ） この方以外には、□□□□□□□救いはありません。天の下でこの御名《みな》のほかに、私たちが□□□□□□名は人間に与えられていないからです。

ｃ） イエスは□□□ばかりでなく□□によっても神がどんな方か教えられました。

ステップ 7

王である祭司

スタディ・チェック

1 次の文のうち正しいと思うものに○印、まちがいと思われるものに×印をつけてください。

□ 大祭司は神と人との間に立って、仲介者となり、とりなしをする人である。それで特別にきよい人格の人が選ばれた。それは彼の正しい行いによって、神に近づくことができるためである。

□ キリストはご自身をいけにえとしてささげて、大祭司としての務めを果たされた。

□ 旧約聖書の中には十字架のことは書かれていない。

□ 神に罪をゆるしていただくために、いけにえがささげられたが、ほかの方法でも罪をゆるしていただくことができた。

□ 神は愛なる神であるから、人の罪をそのまま見逃してくださる。

□ 十字架によって、神はその義と愛をともに現してくださった。

2 次のa、bの文の中からそれぞれ正しいと思うものを（①、②、③のうち）１つ選び○で囲んでください。

a）クリスチャンにとって十字架が重要なのは——

① 命を捨てても、人を愛さなければならないという、すばらしい模範だからである。

② キリスト教の教祖であるイエスがその上で死なれたからである。

③ 罪人《つみびと》である私たちの身代わりとして、イエスが十字架についてくださったからである。

b）イエスのほかにも多くの人が十字架にかかって死んだが――

① その人たちの十字架もイエスの十字架も別に変わりはない。

② イエスだけが罪のない人間であり、またすべての人の身代わりとなれる神であったから、救いの源となられた。

③ イエスの十字架だけは、弟子たちが熱心に伝道したので、すばらしい宗教の基となった。

3 **イエス・キリストの十字架によって私たちのものとなる祝福を３つ、聖書のことばを引用して書いてください。**

a）

b）

c）

4 **次の文の□に、適当と思う字を入れてください。（□に１字ずつ）**

a）イエスが□□なさったということは、多くの証拠がある確かなことです。このことをとおして神は、十字架によって私たちの罪が□□されるというあかしを示してくださったのです。

ステップ 8

救いへの道

スタディ・チェック

1 次の文のうち正しいと思うものには○印、まちがいと思われるものに×印をつけてください。

□ 私たちが救われるために私たちがしなければならないのは、悔い改めて信じることである。

□ 罪を悲しむということは、後悔するということで、罪を犯したための悪い結果を悲しく思うことである。

□ 罪を悔い改めるために、必ず牧師や神父にざんげ（告解《こっかい》）をしなければならない。

□ 罪を捨てるということは、今まで犯してきた悪い行いをやめ、行状を改めることである。

□ 信仰というのは、神のことが完全にわかって納得できるようになることである。

□ 信仰にとって最も大切な第三の段階は、任せるということである。

□ 人は自分の努力によっては救われない。

□ どんな悪人でも救われることができる。

2 悔い改めとはどういうことでしょうか。テキストをよく読んで、その３つの段階を簡単に説明してください。

a）

b）

c）

3 信仰とはどういうことでしょうか。テキストをよく読んで、その３つの段階を簡単に説明してください。

a）

b）

c）

ステップ 9

救いの確信

スタディ・チェック

1 次の文のうち正しいと思うものに○印、まちがいと思われるものに×印をつけてください。

□ イエスこそ、信仰の源であり信仰を全うしてくださるお方であるから、この方から目を離したら確信をなくすのは当然である。

□ 信仰や宗教はまず第一に感情的なものであるから、確信をもつためには宗教的感情をいつも高めておくべきである。

□ 死人は痛みを感じないのに、生きている人は傷の痛みに苦しむ。同じように救われるとかえって罪の痛みを感じることがある。

□ 信仰は決して“行い”ではなく、神の恵みをただ受け取るだけのものである。

□ 自分は自分の力で信じ続けていける、という自信が信仰の土台である。

□ 救いの確信をもつというのは高慢である。

□ 私たちはただ恵みにより救われた。

□ 神は私たちを確信の岩の上に立たせる。

2 **次のａ、ｂの文の中からそれぞれ正しいと思うものを（①、②、③のうち）１つ選び○で囲んでください。**

ａ）私たちが救われるための信仰は――

① 神が認めてくださるような十分強い信仰でなくてはならない。

② 堅い意志で、いつまでも自分の決意を守り続けていけるような信仰でなくてはならない。

③ 神を信じる信仰である。たとえ初めは弱いようであっても、神によって必ず成長する。

ｂ）聖書に「この恵みのゆえに、あなたがたは信仰によって救われたのです*」とあるのは――

① 救われるためには、神の恵みと私たちの信仰が同じように必要だということである。

② 神の恵みが救いの原因・動機であって、信仰はただその恵みを受ける手のようなものだということである。

＊聖句は『新改訳 2017』のエペソ 2･8。この訳が原文の意味をよく伝えている。

3 **次の文の□に、適当と思う字を入れてください。（□に１字ずつ）**

ａ） ある人が□□の確信をもつことができないで苦しんでいた時、その人の先生が「あなたはちょうど木を植えかえて、その木の根がついたかどうか心配して、毎日その木を引き抜いて根を調べている人のようだ」と言いました。これは、自分の信仰ばかりを気にしているために、かえって救いの□□をもてないことを教えたものです。（このエピソードはテキストに載っていません）

ｂ） 先生は続けて「木をそのままにしておきなさい。そうすれば根はつきますよ」と言いました。これは□□とは神に□せることだということを教えたのです。（ステップ８参照。このエピソードはテキストに載っていません）

ステップ 10

満ちあふれる恵み

スタディ・チェック

1 次の文のうち正しいと思うものに○印、まちがいと思われるものに×印をつけてください。

□ 救いとは、ただ一時的に悲しみや、苦しみ、危険などから救い出されることである。

□ 神によって義と認められた者は、決して罪に定められる（有罪として刑罰を受ける）ことはない。

□ 義認というのはただ刑罰を免《まぬか》れるというだけであるから、正しい者と認めていただくためには努力しなければならない。

□ 私たちは神の子に生まれ変わらなければ、神の国の民とはなれない。

□ だれでもキリストにあるなら、その人は新しくつくられた者である。

□ 私たちは救われると、神の子としての身分を受けることができる。そして、神の栄光の富を相続できる。

2 救いの恵みを表現する４つのことばを書いてください。そして、そのことを教える聖書のことばも書いてください。

a）□□または□□□□□□□

①

②

③

b）□□または□□□□□□□

①

②

③

ステップ 11

きよい生涯

スタディ・チェック

1 次の文のうち正しいと思うものに○印、まちがいと思われるものに×印をつけてください。

□ 私たちはよい行いによってではなく、ただ恵みのゆえに信仰によって救われる。

□ 恵みによって救われるのだから、私たちは、よい行いをしようと努力する必要はない。

□ クリスチャンは救われるためによいことをするのではない。救われたからよいことをするのである。

□ 私たちがきよくなるのは、神の恵みのわざである。

□ “助け主”（ヨハネ 16･7）とは聖霊を指していて、聖霊は、イエス･キリストと同じく神であられる。

□ 聖霊は神ではなく、神の力を示すことばである。

□ 聖霊は救われた者のうちに住まわれる。

□ きよくなるために人の努力も役に立つ。

2 **私たちがきよくなるために、父なる神、子なる神、聖霊なる神がどのように働かれるか、次の文の□に適当と思う字を入れてください。（□に 1 文字ずつ）**

a） きよくなることは、私たちの力でなしとげられるものではなく、□の□□の□□□である。

b） 平和の□ご自身が、私たちを完全に□□□□□としてくださる。

c） □□□・□□□□のからだが献げられたことにより、私たちは□□□□□とされている。

d） 父なる□の予知のままに、□□による聖別によって選ばれ、□□□・□□□□の血が注がれ、きよくされる。

e） 私たちが救われ、その□□が 与えられ、きよくなり、日々の□□□□を続けていくために、□□の□の助けが必要である。

ステップ 12

進み続ける日々

スタディ・チェック

1 次の文のうち正しいと思うものに○印、まちがいと思われるものに×印をつけてください。

□ 赤ちゃんが成長するために最も重要なのは、いのちの力が働き続けているということであるように、クリスチャンがきよくなる（霊的に成長する）ために最も大事なのは、神のなしてくださる恵みである。

□ 聖書はできるだけたくさん一度に読むことが大切である。そのために毎日読めなくてもしかたがない。

□ 聖書を読むとき大切なことは、敬虔《けいけん》なすなおな心で読むことである。

□ 祈りは神にささげる尊いものであるから、特別なことばを用いなくてはならない。

□ 教会の集会にはできるだけ出席したほうがよいが、それほど大切ではない。

□ クリスチャンはイエスを模範として生きていくべきである。

2 きよくなる（信仰の成長）のために必要な５つのことを書き出して、それぞれ赤ちゃんの成長のために大切なことにたとえてみてください。

a）

b）

c）

d）

e）

3 祈りの内容として考えられる５つの項目を挙げて、簡単に説明してください。

a）

b）

c）

d)

e)

4 次の文の□に、適当と思う字を入れてください。(□に1字ずつ)

a) 生まれたばかりの□□□□のように、純粋な、□の乳(偽りのない、□□□□の乳)を慕い求めなさい。

b) 聖書は□□□に語られた——また□□□□□□神のことばです。

c) 「□□□祈りなさい」というのは、いつも心を神に向け、□□の心をもち続けることです。

d) □□ことと□□を読むこととを組み合わせた静思《せいし》の時をもつのはよいことです。

e) よい教会では□□のことばを正しく説教し、また□□(洗礼と聖餐《せいさん》)を正しく行っています。

f) 神のことば、聖書に□□時、クリスチャンは□□します。

g) あなたがたは□□□、あらゆる□の人々を□□としなさい。

5 **今まで学んでこられての、あなたの感想を書いてください。特に今のあなたの心境、決心などをお聞かせください。**

アンケートにご協力ください。（当てはまるものに○をしてください。）

● イエス・キリストを——

a．信じています。

b．この講座を学んで信じました。

c．信じられませんがもっと知りたいと思います。

● 教会に——

a．行っています。（洗礼を受けました・洗礼はまだです）

b．行きたいと思っています。
（よい教会を紹介してください・紹介はいりません）

3 **聖霊のお働きを、大きく5つに分けて書いてください。**

4 **次の文の□に、適当と思う字を入れてください。（□に1字ずつ）**

a）聖なる者となる（きよくなる）ということは、□□□、□□□□といった意味のことばです。

b）それは第一に、この□から離れて□のものとなることです。

c）第二に、神の□□□が□□されます。

d）第三に、□から□□□□□です。

e）第四に、□□□□の□□□に似るのです。

5 テキストの 131 ページを読んで、聖化の３つの過程を書いてください。

6 次の質問に答えてください。

a） 今まで自分の生活態度や行い、習慣などを変えようと思ったことはありますか。もしあったら、その結果はどうでしたか。

b） 神があなたから遠く離れておられるのではなく、あなたのうちにおられて、あなたの信仰の歩みを助けようとしておられるのだという事実は、あなたのこれからの信仰生活にどういう影響を与えるでしょうか。

c）□□□□□

①

②

d）□□□□□□□□□□

①

②

3 **次のａ、ｂの文の中からそれぞれ正しいと思うものを（①、②、③のうち）１つ選び○で囲んでください。**

ａ）義と認められるということは――

① それまで犯してきた罪がゆるされるということで、その後犯した罪はやはり罰を受けなくてはならない。

② すべての罪がゆるされることであるから、救われた人は地獄へ行くことはないが、その行いに従って報いは受ける。

③ すべての罪がゆるされることであるから、もう何をしてもかまわない。

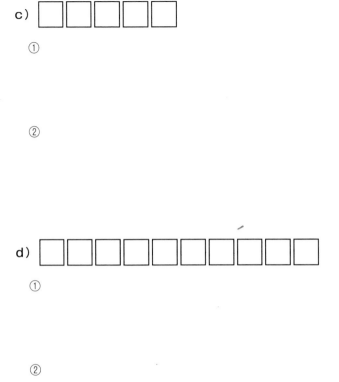

b）キリストと一つになるということは――

① キリストとの生きた結合のことで、霊的な、いのちの一致である。

② 感情的な神がかりのような宗教体験である。

③ キリストの中にすっかりとけこんで、自分がなくなってしまうことである。

4 次の質問に答えてください。

a） あなた自身は救いについてどんなことをお考えになりますか。思ったままを自由に書いてください。

c） 確信は□位□体の神から与えられます。

d） 聖霊は私たちが□の□であることをあかししてくださいます。

e） 確信の土台は□□□・□□□□です。ほかの土台を据えることはできません。

4 次の質問に答えてください。

a） 信仰生活を送っている間に信仰が動揺したことがありますか。その理由は何だと思いますか。どのようにして立ち直ることができましたか。

b）　あなたは今、救いの確信をもっていますか。もっていないとしたら、今の心境を書いていただけますか。

4 次のa、bの文の中からそれぞれ正しいと思うものを（①、②、③のうち）１つ選び○で囲んでください。

a）悔い改めというのは――

① まったく感情的なもので、涙を流して前非《ぜんぴ》を悔いることである。

② 心を変えることで、理性では今までの考え方を変え、感情では自分の罪を悲しみ、意志では罪を告白し、その罪を捨てることを決意することである。

③ 罪ほろぼしにいろいろなことをすることである。

b）信仰というのは――

① 毎日毎日お祈りをしたり、毎週教会へ礼拝に行ったり、洗礼を受けたりすることである。

② 神の愛に深く心を動かされ、感謝の心をもつようになることである。

③ 神について知り、神の救いを受け入れ、神にすべてを任せることである。

5 次の質問に答えてください。

a） これまで学んできたことについて感想を短く書いてください。（余白が足りなければほかの紙に書いてください。）

b） あなたはイエス・キリストを信じますか。信じる、あるいは信じない理由を短く書いてください。

決心書

私は今日イエス・キリストを信じ、救われたいと思います。

年　　　月　　　日

氏名

b）□□□は、いつも生きていて、彼らのために□□□□をしておられるからです。

c）イエスは再びこの□□においでになります。これをキリストの□□といいます。

5 次の質問に答えてください。

a）イエス・キリストの十字架について、どうお考えになりますか。

b）あなたは教会に行っておられますか。もしまだでしたら行ってみたいとお思いになりますか。また教会を紹介してもらいたいと思いますか。

d） イエスは自分を犠牲にする□、どこまでも神に従っていく□□のよい模範です。

e） まず神の□と神の□を求めなさい。

f） 自分の□を愛し、自分を□□する者のために祈りなさい。

g） 私たちは神の律法を実行□□□□ような□い者です。

h） わたしを□□□は、□を見たのです。

4 次の質問に答えてください。

a） 世の中の多くの人は、信心は何でも同じだとよく言います。しかし聖書はただイエスだけが真の救い主だと教えています。あなたはどう思いますか。

b） あなたはイエスが教えてくださった律法や、イエスの残された模範に従って生きていると思いますか。またこれから生きていけると思いますか。

3 次のａ、ｂの文の中からそれぞれ正しいと思うものを（①、②、③のうち）１つ選び○で囲んでください。

ａ）罪というのは、神の律法を破ることであるが、この律法とは——

① ふつう刑法と呼ばれているもので、警察に捕まるようなことをすることが罪である。

② 聖書の戒めや、（少しぼんやりとしているが）良心のおきてのことで、これを破れば罪になる。

③ この世の中の常識のことをいう。警察ざたにならなくても、ふつうの人のやらないようなことをすれば罪となる。

ｂ）聖書が、罪のことをこれほど強く教えるのは——

① 罪の報いとして、人を苦しめるためである。

② 神のさばきを受けさせるためである。

③ 自分の罪を悟らせ、神を信じさせるためである。

4 次の質問に答えてください。

ａ） 今まで罪ということについて考えたことがおありですか。またどんなことを考えましたか。

b） もう一度よくテキストを読みかえしてから、静かにご自分の毎日の生活を反省してみてください。紙を出して、それに自分のしたり、考えたり、また想像したりしたことの中で、悪かったと思うことを書き出してみるのもよいでしょう。そのようによく反省してみた後に、この質問に答えてください。

あなたは自分が罪人だと認めるでしょうか。

はい　　　　　　いいえ

（どちらかに○印をつけてください）

4 **次のａ、ｂ、ｃの文の中からそれぞれ正しいと思うものを（①、②、③のうち）１つ選び○で囲んでください。**

ａ）イエス・キリストは——

① ただの人間だが、特別な神の恵みを受けたので、神の子と呼ばれる。

② 神が人間となられた方である。

③ 神が一時人間の姿をあらわされたので、いわば幻か幽霊のようなものである。

ｂ）インマヌエルというのは——

① イエスの生まれた時の名である。

② 神は私たちとともにおられるという意味である。

③ 神から選ばれた民族の名で、ユダヤ人のこと。今パレスチナに同じ名の共和国ができている。

ｃ）イエスが十字架の上で死なれたのは——

① 殉教のためであった。

② ローマに反対したためであった。

③ 罪人《つみびと》である私たちの身代わりとなるためであった。

5 **次の質問に答えてください。**

ａ） 今まで学んできたことについての感想を短く書いてください。（余白が足りなければほかの紙に書いてください。）

b） イエス・キリストを信じて救われたいと思いますか。あるいはもう信じていますか。また洗礼を受けていますか。

もし今信じたいと思うなら、ここに署名をしてください。

私は今日イエス・キリストを信じます。

年　　月　　日

氏名

c） あなたは教会に行っておられますか。あるいは行ってみたいと思いますか。また教会を紹介してほしいですか。

4 次の質問に答えてください。

a）この世の中は、進化・発達をしてだんだんよくなっていくと思いますか。あるいは科学や技術は進んでも、それだけでは人間は幸福になれないと思いますか。

b）人間がいろいろ悪いことをするのは、社会が悪いからで、その人には責任がないという考え方がありますが、あなたはどう考えますか。

4 次の質問に答えてください。

a） 神の存在を信じておられますか。あなたが神の存在を信じる理由、
また信じない理由は何でしょうか。

b） 今まで神とはどういうお方だと思っておられましたか。

4 次の質問に答えてください。

a） 聖書をお読みになったことがありますか。もし読んだことがおありでしたら感想を短く書いてください。

b） 聖書のことばで知っているものがありましたら、1つ、2つ書いてください。（うろ覚えでもけっこうです。）

人生と聖書

スタディ・チェック

1 **テキストを読んで、次の文のうち正しいと思うものに○印、まちがいと思われるものに×印をつけてください。**

□ 青年新島襄《にいじまじょう》は聖書の第１ページに「初めに、神が天と地を創造した」と書いてあるのに驚いた。

□ 偶然川岸に転がっている石には目的があるとは思えないが、人間がその石を使って何かをつくったら、それには目的がある。

□ 人間が神につくられたとしても、神を信じていても、神を忘れていても、別に変わりはない。

□ 聖書は人間が偶然この世に生まれてきたのだと教えている。

□ 人間は初めから、ひとりぼっちではなく、愛し合う一組としてつくられた。

□ 聖書は人生の目的とか正しい生き方とはまったく関係のない本である。

（キリトリ）

2 テキストによれば、人生の正しい生き方とは何でしょうか。

a） 人生の目的

b） 正しい生き方

3 人生や神についてあなたはどんな考えをもっておられますか。テキストに関係なく自由にお答えください。

（キリトリ）